MÁQUINA DE AQUISIÇÃO DE CLIENTES

CARO LEITOR,

Queremos saber sua opinião sobre nossos livros.
Após a leitura, curta-nos no facebook.com/editoragentebr,
siga-nos no Twitter @EditoraGente e
no Instagram @editoragente
e visite-nos no site www.editoragente.com.br.
Cadastre-se e contribua com sugestões, críticas ou elogios.

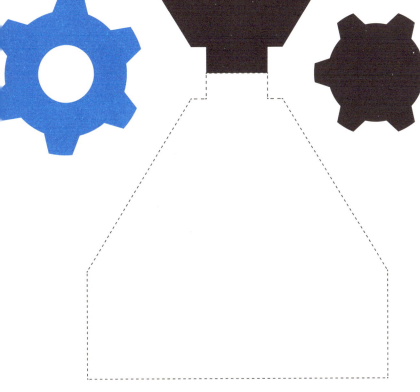

ANDRÉ SIQUEIRA

MÁQUINA DE AQUISIÇÃO DE CLIENTES

PRÁTICAS MODERNAS PARA GERAR CRESCIMENTO EXPLOSIVO COM MARKETING E VENDAS

Diretora
Rosely Boschini

Editora
Franciane Batagin Ribeiro

Assistente Editorial
Giulia Molina

Produção Gráfica
Fábio Esteves

Preparação
Amanda Oliveira

Capa
Sagui Estúdio

Projeto Gráfico e Diagramação
Vanessa Lima

Revisão
Juliana Rodrigues |
Algo Novo Editorial

Impressão
Gráfica Rettec

Copyright © 2021 by André Siqueira
Todos os direitos desta edição
são reservados à Editora Gente.
Rua Original, 141/143 – Sumarezinho
São Paulo, SP– CEP 05435-050
Telefone: (11) 3670-2500
Site: www.editoragente.com.br
E-mail: gente@editoragente.com.br

Dados Internacionais de Catálogo na Publicação (CIP)
Angélica Ilacqua CRB-8/7057

Siqueira, André
   Máquina de aquisição de clientes: práticas modernas para gerar
crescimento explosivo e alavancar o seu negócio com marketing e vendas
/ André Siqueira. – São Paulo: Editora Gente, 2021.
   256 p.

ISBN 978-65-5544-114-7

1. Administração 2. Marketing digital 3. Vendas 4. Sucesso nos negócios 5.
Clientes - Fidelização I. Título

21-2252   CDD 658.84

Índice para catálogo sistemático:
1. Administração : Marketing digital

NOTA DA PUBLISHER

Em um tempo não muito distante, sabíamos onde investir tempo para sermos mais competitivos e quais eram as táticas e canais para que os negócios crescessem. Agora em um mundo no qual quase tudo é feito de maneira digital, com altíssima velocidade e mudanças de rota constantes, não sabemos como nos destacar nesse mar aberto em que o mercado se transformou graças ao poder do marketing digital. Ou você aprende a dominar as regras desse novo mundo, ou você sumirá.

E este livro ajudará você, caro leitor, nessa empreitada. Fui apresentada ao André Siqueira, cofundador da RD Station e verdadeiro especialista em transformar oportunidades em vendas, em meados de 2020, e fiquei muito impactada em nossa primeira conversa: com uma carreira brilhante, ele transformou a sua trajetória com muito estudo e disciplina, utilizando todas as ferramentas disponíveis para criar a metodologia ideal quando o assunto é vendas e marketing digital, transformando-a agora na chamada **Máquina de Aquisição de Clientes**. Foram anos estudando e a desenvolvendo para que você pudesse ter este conteúdo em suas mãos.

Nesta obra, André apresenta as ferramentas e os caminhos necessários para você tocar o seu negócio digital, sem fórmulas mágicas e com muita didática, prática e conhecimento científico – a base para tudo o que André faz. Assim, meu convite é para que você navegue por águas profundas para conhecer sobre uma nova dinâmica, pautada em cases de sucesso, que o farão estar completamente preparado para qualquer desafio.

Todas as empresas precisam estar no mundo digital e, portanto, esta leitura é obrigatória. Uma obra indispensável e imperdível para o momento que estamos vivendo e para quem quer transformar o seu negócio. A hora é agora e a Máquina de Aquisição de Clientes está apenas esperando você para começar a girar as suas engrenagens.

Rosely Boschini
CEO e Publisher da Editora Gente

agradecimentos

Agradeço e dedico este livro à minha família (meus pais, Rosemiria e Márcio, minha irmã Naíla, minha esposa Tavane e meu filho Tomás), que tanto me apoiou ao longo de toda a minha trajetória profissional. O orgulho de vocês é o meu combustível para seguir em frente e lutar sempre por novas conquistas.

Este livro nasceu do meu aprendizado profissional e nada disso teria acontecido se eu não tivesse ao meu lado meus sócios na RD Station - Eric, Bruno, Gui e Pedro. Meu muito obrigado. Admiro e aprendi muito com vocês. Em especial, agradeço ao Eric, que me apresentou a esse mundo do marketing digital e foi meu líder por todos esses anos.

Quero agradecer também aos colaboradores, parceiros, clientes e investidores da RD, que acreditaram e confiaram na gente, tornando essa história possível.

Também agradeço ao amigo Sandro Magaldi, que escreveu o prefácio e foi um grande incentivador do livro, além de me apresentar à Editora Gente.

Agradeço ao time da Insperiência, que cuida da minha carreira e das minhas palestras, em especial ao Fabricio, por ajudar na condução do processo de lançamento, desde as primeiras ideias e negociação com editorias.

À Editora Gente que confiou no projeto e apostou neste lançamento. Obrigado ao time por todo trabalho e, em especial, à Dany e ao Ricardo pelas primeiras conversas e por levarem adiante; Rosely Boschini por comprar a ideia e à Franciane pela edição. Ainda à Silvia, pelo apoio e ajuda na escrita e edição.

Por fim, a todos os entrevistados que cederam seu tempo trazendo informações importantes para a composição dos cases que são apresentados neste livro: Vitor Peçanha, Tahiana D'Egmont, Fernanda Brunsizian, Luana Almeida, Juliana D'Auria, Richard Stad, Théo Orosco, Gustavo Caetano, Diego Azevedo, Ricardo Amorim, Rodrigo Grecco, Pedro Pereira, Marcelo Pimenta, Pedro Lage e Pedro Sobral. Este trabalho não seria o mesmo sem a colaboração de vocês.

A todos, meu muito obrigado!

André Siqueira

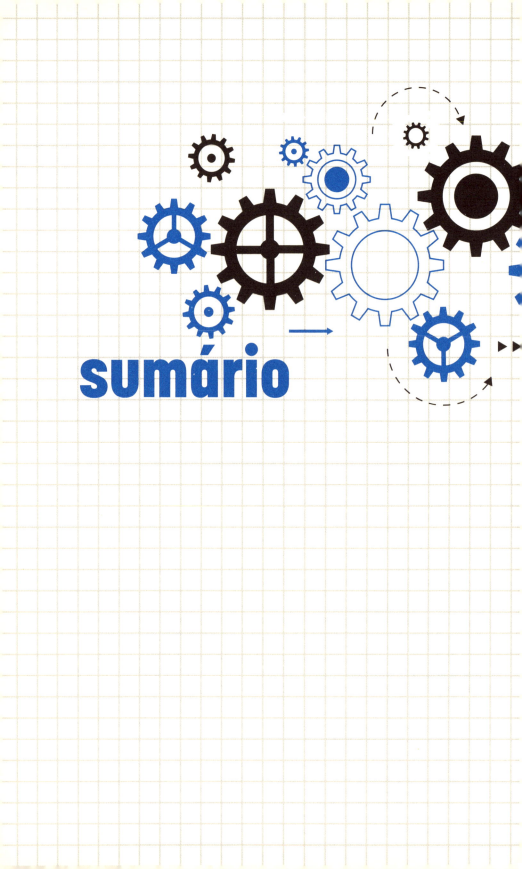

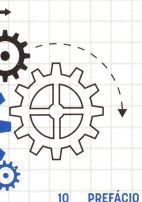
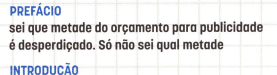

10	**PREFÁCIO** sei que metade do orçamento para publicidade é desperdiçado. Só não sei qual metade
14	**INTRODUÇÃO**
20	**CAPÍTULO 1:** marketing, vendas e a revolução digital
30	**CAPÍTULO 2:** um mar de possibilidades - várias metodologias e caminhos
42	**CAPÍTULO 3:** a Máquina de Aquisição de Clientes
52	**CAPÍTULO 4:** antes de compor o funil, um pouco dos fundamentos
68	**CAPÍTULO 5:** práticas de marketing para compor os passos iniciais do funil
190	**CAPÍTULO 6:** práticas de vendas para compor o funil
204	**CAPÍTULO 7:** a priorização adequada e a análise de dados
226	**CAPÍTULO 8:** três pilares: pessoas, processos e ferramentas
246	**CAPÍTULO 9:** o que é preciso para dar certo

prefácio
Sei que metade do orçamento para publicidade é desperdiçado. Só não sei qual metade

Não existe disciplina que tenha passado ilesa pelas transformações advindas do novo ambiente empresarial. **A (r)evolução tecnológica gerou uma ruptura em nosso sistema de pensamentos corrente, na medida em que introjetou novas formas de atuação e ferramentas que representam uma realidade inédita à luz de tudo o que conhecemos.**

A área do marketing foi uma das que recebeu mais impacto dessas transformações. Durante décadas o modelo tradicional prosperou gerando resultados positivos para as organizações que melhor entenderam sua dinâmica. A despeito das incertezas derivadas da pouca assertividade quanto aos resultados desses investimentos, consolidou-se uma visão lastreada pela publicação de campanhas publicitárias em poucas mídias que ostentavam audiências massivas.

Esse perfil do marketing tradicional afastou empresas de pequeno e médio porte e favoreceu a concentração de poder em organizações mais robustas que tinham o poder de fogo necessário para jogar esse jogo de pesos pesados.

A pulverização da internet mudou esse contexto de forma dramática. O Google foi pioneiro ao viabilizar a publicidade de forma pulverizada por meio da estratégia do Google Ads. Posteriormente, a popularização das redes sociais permitiu a geração de audiências massivas no

MÁQUINA DE AQUISIÇÃO DE CLIENTES

ambiente virtual, representando uma oportunidade inédita e única para as empresas divulgarem seus produtos e serviços.

O marketing nunca foi e nunca será o mesmo.

As primeiras organizações a entenderem esse movimento e desafiarem o statu quo foram as startups. Organizações jovens com modelos de negócios escaláveis e inovadores, com alto potencial de crescimento e tendo a tecnologia no centro de sua estratégia ousaram desenvolver novas proposições e teses mais alinhadas com a nova realidade dos negócios.

Em poucos anos, o desprezo dos players tradicionais em relação a esses novos negócios deu lugar, primeiro a uma curiosidade tímida e, posteriormente, a um interesse profundo em entender como essas novas empresas conseguem gerar resultados com menos recursos e mais efetividade.

O desprezo deu lugar ao interesse.

No Brasil, uma das startups que protagonizou essa transformação foi a antiga Resultados Digitais, agora chamada de RD Station. Seu papel na transformação do marketing tradicional aconteceu em duas frentes: a razão de sua existência é, justamente, a transformação da disciplina nas empresas por meio de sua ferramenta principal que evoluiu demais ao longo dos anos; ao mesmo tempo, a empresa executou estratégias desse novo marketing para crescer exponencialmente e se transformar na maior empresa de software para marketing digital da América Latina

A frente dessa evolução estavam cinco jovens talentosos sem recursos financeiros, mas com a matéria-prima básica de qualquer empreendimento bem-sucedido: uma ambição "louca" de mudar o mundo.

André Siqueira é um desses jovens e a ele coube a responsabilidade de fazer esse novo motor de vendas funcionar. Ele foi o principal responsável pelas engrenagens de uma máquina que testou muitas iniciativas até então inexistentes por esses lados e apresentou resultados surpreendentes que levaram a organização a outro patamar.

Nesta obra, temos a oportunidade de conhecer em profundidade todos esses caminhos por meio de uma visão embasada por teses e conceitos importantes e ilustrada de forma absolutamente prática com casos concretos. Dessa forma, é possível tangibilizar todo o

PREFÁCIO

conhecimento aportado onde o leitor irá entender como essa estrutura se aplica ao seu negócio.

Entender e aplicar os princípios desse novo marketing não é uma opção para as organizações. **Não importa seu porte, natureza ou qualquer especificidade, quem não entender a nova dinâmica da disciplina estará fora do mercado. Simples assim.**

Ao navegar pela obra é possível ter essa visão prática de como o marketing deriva para uma disciplina mais científica, onde os dados ocupam lugar central no processo decisório sobre quais são os melhores investimentos e o conteúdo é estratégia central para engajamento.

O maior desafio não reside no entendimento desse novo marketing. O maior desafio se desdobra na possibilidade concreta de implantar esse conceito em um negócio. A Máquina de Aquisição de Clientes é um poderoso guia a lhe conduzir pelos caminhos da execução de um novo marketing para seu negócio.

Lá pelo início de 1900, o americano John Wanamaker, criador do conceito de lojas de departamentos, cunhou uma frase que ficou célebre ao longo dos anos:

"Sei que metade do orçamento para publicidade é desperdiçado. Só não sei qual metade."[1]

Essa visão, que traz consigo a triste resignação quanto a uma realidade insensata, foi aceita pelos líderes empresariais como algo que estava posto durante mais de século.

Finalmente, as empresas e seus líderes têm a possibilidade de dar um basta nessa insensatez e definir de maneira mais científica e apropriada seus investimentos em marketing. André Siqueira com sua Máquina de Aquisição de Clientes nos traz a base para essa reflexão.

Boa leitura!

Sandro Magaldi

Empresário e coautor dos best-sellers
Estratégia adaptativa e Gestão do amanhã

---

1   A ERA do desperdício na publicidade acabou. **Mckinsey Brasil**. Disponível em: https://www.mckinsey.com/br/our-insights/blog-made-in-brazil/a-era-do-desperdicio-na-publicidade-acabou. Acesso em: 22 jun. 2021.

introdução

Desde que se popularizou, a internet causou uma revolução na sociedade. **A grande rede impactou a maneira como as pessoas se relacionam, alterou os caminhos de aprendizado e ensino, modificou as dinâmicas com os meios de comunicação e apresentou outras maneiras de consumir, sejam conteúdos ou produtos.** Enfim, foram inúmeras mudanças que trouxeram uma nova dinâmica aos negócios, gerou transformações na jornada de compra e, naturalmente, afetou o segmento de marketing e vendas de forma significativa.

Triunfar nesse novo contexto não demanda apenas conhecer os conceitos básicos – aqueles que aprendemos na faculdade – dessas duas áreas, mas também estabelecer uma nova forma de pensar que a necessidade de divulgar seus produtos em todas as mídias possíveis é substituída pela ideia de gerar valor aos clientes antes da venda e um conhecimento dos novos canais, das estratégias e táticas disponíveis. As empresas que já nasceram prontas para esse mundo e aquelas que conseguiram se reinventar, adaptar seus processos e se atualizar são as que vêm crescendo de maneira mais rápida, previsível e lucrativa.

Entender e estar neste novo cenário é fundamental para as empresas. **Quem ainda não se adequou perde oportunidades incríveis de negócios e de crescimento.** Não estou me referindo apenas a empreender on-line, dispondo seus produtos em sites e nas redes sociais, mas a realmente usar a internet a favor da sua empresa, como uma ferramenta de aquisição de clientes. Como entrar de vez nesse jogo? É isso que eu vou mostrar neste livro.

Meu nome é André Siqueira e sou cofundador da RD Station, referência em marketing digital no Brasil. Por mais de dez anos estive na operação da empresa, primeiro liderando o marketing, depois desenhando uma nova unidade de negócios focada na educação em marketing e vendas e agora atuo como mentor de lideranças da área de marketing. Eu vou ensinar a você como criar a sua Máquina de Aquisição de Clientes a partir de estratégias que utilizei e fui aperfeiçoando durante todo esse tempo.

Era 2010 quando a Resultados Digitais – que depois viria a se tornar a RD Station – nasceu. Eu era um jovem que, junto a outros quatro amigos também sem patrimônio, herança ou grandes redes de contato e investidores, acreditava que o negócio que estávamos criando iria dar certo. Tínhamos boas ideias e, principalmente, muita vontade de fazer acontecer.

Desde aquela época já entendíamos que o marketing tinha um papel fundamental na atração e na aquisição de clientes, e que ele seria a base para que empresas de pequeno, médio e grande porte pudessem crescer exponencialmente. Durante muito tempo, estudamos novas metodologias, testamos e vivenciamos na prática o mercado. **Foi assim que detectamos que o caminho era promissor e bastante acessível mesmo a quem tinha recursos limitados.**

Em nossa visão, essa aplicação de marketing mais estratégico, se trabalhada em conjunto com vendas, resultaria em uma verdadeira máquina de crescimento para as empresas. Foi assim que começamos a liderar um movimento no Brasil que propagava essa ideia e educava aqueles que também quisessem utilizar a fórmula marketing + vendas para criar a sua Máquina de Aquisição de Clientes a partir das premissas modernas de marketing digital.

Para isso, nosso foco foi transformar a então Resultados Digitais em, praticamente, uma empresa de mídia: eventos, publicações diárias em blogs e redes sociais, postagens no canal do YouTube e lançamento de e-books. Tudo isso resultou em um grande arsenal de conteúdo

INTRODUÇÃO

gratuito e disponível no site e que poderia ser encontrado a partir das principais plataformas de busca. Provavelmente, se você procurou alguma informação sobre marketing digital na internet nos últimos anos, acabou se deparando com algum conteúdo que nós produzimos. Com essa estratégia crescemos exponencialmente, tornando-nos uma das maiores empresas do setor no Brasil. Contamos com mais de setecentos funcionários e 30 mil clientes em dezenas de países até o momento em que este livro está sendo escrito.

Não acredito no discurso daqueles que dizem que é fácil trabalhar com marketing digital ou que há uma receita milagrosa para alcançar o sucesso nesse segmento. Isso não existe. **Se alguém lhe prometer uma fórmula perfeita que o faça chegar ao topo sem esforço, desconfie, pois normalmente só diz isso quem está tentando vender a tal receita.** Entretanto, a trajetória que percorri enquanto estive na RD Station me fez acreditar que, de fato, existe um caminho e que ele é pautado por disciplina, esforço e uso de uma metodologia. Ou seja: existem diversos caminhos, você só precisa encontrar o seu e se dedicar a ele.

Para algumas pessoas é difícil imaginar que aquele pequeno negócio que nasceu do zero em uma sala comercial de 42 m² em Florianópolis, Santa Catarina, e comandado por cinco meninos sonhadores se tornaria a maior empresa de software para marketing digital da América Latina, sendo comprada pela TOTVS, uma das gigantes do setor de tecnologia do país, por 2 bilhões de reais. Mas foi exatamente o que aconteceu.

Mais do que apenas construir a nossa trajetória, participamos e vimos borbulhar um novo ecossistema ao nosso redor, cheio de histórias incríveis de quem entendeu esse novo contexto e conseguiu gerar resultados excelentes. Uma prova é o RD Summit, evento anual realizado pela RD Station e que reúne milhares de profissionais de marketing e vendas para mostrar que é possível, sim, crescer juntos e compartilhar aprendizados.

Estar no epicentro dessa revolução me fez acompanhar o mercado e aprender ao conhecer a trajetória de muitas pessoas incríveis. Aprendi com quem estava derrapando e se reencontrou, com quem inovou e aperfeiçoou o próprio método, e até com quem tentou implementar algo e não conseguiu, pois é nesse momento que é possível identificar quais são as barreiras e as dificuldades de cada contexto. Todos os aprendizados foram válidos e posso afirmar que foram eles que me trouxeram até aqui.

Meu propósito com este livro é justamente condensar e apresentar todas essas lições para que você tenha a mesma oportunidade que tive, que possa ter acesso a um conteúdo que já foi passado adiante e testado por uma enorme rede de empreendimentos. Vou falar desde a mudança de mentalidade para crescer e expandir, até apresentar conceitos sobre metodologia, auxiliando com processos de priorização e tomada de decisões, além de indicar tarefas e materiais complementares a cada novo assunto. Esse é meu objetivo e espero que você aproveite a jornada tanto quanto eu aproveitei ao desenvolvê-la.

Faça desta leitura a catalisadora para um processo de mudanças transformadoras em sua empresa, gerando resultados concretos e crescimento explosivo. Essa é a meta e você terá todas as ferramentas para atingi-la se seguir o que apresento nas próximas páginas. Boa sorte, boa leitura e nos vemos no topo!

ANDRÉ SIQUEIRA

Faça desta leitura a **catalisadora para um processo de mudanças** transformadoras em sua empresa, gerando **resultados concretos** e **crescimento explosivo**.

@andregcsiqueira

MÁQUINA DE AQUISIÇÃO DE CLIENTES

capítulo 1: marketing, vendas e a revolução digital

É estranho pensar que há poucas décadas as pessoas ainda usavam o telefone de disco[2] para se comunicar a distância, que o celular não existia, que a lista telefônica era um grande catálogo de papel encontrado em todas as casas do país (e trocado a cada ano para se manter atualizado) que continha o número de telefone de todo mundo da cidade. Pensar que, para se encontrar com alguém, era necessário combinar hora e local com antecedência e torcer para não surgirem imprevistos, atrasos ou mudança de local de última hora, afinal, caso qualquer uma dessas situações acontecesse, você deixaria a outra pessoa esperando sem saber o que realmente havia acontecido. E durante o período escolar? As pesquisas eram feitas usando enciclopédias, como a famosa Barsa, uma coleção de livros lotada de informações sobre diversos assuntos. Se o que precisava não estivesse lá, o desespero batia. O próximo passo seria ir até a biblioteca da cidade ou do bairro em que morava para conseguir as informações e completar a atividade pedida pela escola.

A popularização da internet mudou tudo! Começamos o nosso contato com essa rede na década de 1990, primeiro com a internet

---
[2] Telefone de disco é um tipo de aparelho telefônico muito usado nas residências e no comércio até os anos 1980. No lugar das teclas, os números apareciam em uma espécie de disco. Para efetuar a ligação, o usuário tinha que girar número por número até chegar a um clipe metálico que completava a ligação. (N.E.)

MÁQUINA DE AQUISIÇÃO DE CLIENTES

discada, sempre tentando fazer a conexão à meia-noite ou aos domingos para pagar menos. A velocidade de carregamento e download daquela época deixaria qualquer adolescente de hoje maluco, mas já era um avanço. A televisão ainda era o principal meio de comunicação e propagação de informações – e também de entretenimento –, e boa parte do tempo livre era gasto na frente dela. O jornal era a fonte de informação mais confiável e, para passar o tempo, havia novelas e esportes em horários pensados para atender o ritmo das famílias.

Se você nasceu por volta dos anos 2000, talvez nem saiba muito bem do que estou falando, mas pode já ter visto alguma foto que retrate esse cenário ou ouvido seus familiares contarem essas histórias. Se for de anos anteriores, é possível que agora esteja segurando aquele riso nostálgico de quem mal se lembrava disso. **De qualquer maneira, o objetivo principal dessa volta no tempo é mostrar que tudo mudou – em especial o acesso à informação –, e em muito pouco tempo.** Desse modo, é possível deduzir que o comportamento das pessoas também mudou, o que obrigou a maneira de fazer marketing e vendas a se atualizar.

Apesar dessa constatação, muitos negócios ainda estão parados no tempo e usando as mesmas estratégias do passado com a justificativa de que "sempre foi assim": "sempre usei essas estratégias e me mantive até hoje". Infelizmente, é pouco provável que isso continue dando certo. O mundo é outro. O acesso à internet aumentou as possibilidades de as pessoas buscarem informação, o que deixou a atenção mais diluída. Além disso, a tolerância com a interrupção é bem menor. Ninguém quer esperar um intervalo comercial gigante para continuar a assistir ao jornal e, caso tenham que esperar, passarão esse tempo no celular ou se entretendo com outro dispositivo, muitas vezes ignorando as propagandas veiculadas.

Essa transformação mudou a forma como as pessoas se informam, consomem conteúdo e compram, o que obrigou o marketing a se adaptar aos novos hábitos do consumidor, criando novas maneiras de se comunicar e de falar com o público, com novos pontos de contato (sites, redes sociais, aplicativos, blogs etc.) e abordagens. Assim, quem ainda está ligado ao modo antigo de fazer marketing e vendas está olhando para o passado e deixando ótimas oportunidades de negócio no presente escorrerem pelas mãos.

MARKETING, VENDAS E A REVOLUÇÃO DIGITAL

Os antigos manuais de marketing pregavam que era preciso atrair e conversar com o seu público, geralmente por meio de mídias de grande porte, como jornais de circulação nacional ou TV, investindo em uma propaganda que mostrasse as qualidades do produto e torcendo para que a mensagem fosse clara e assimilada para que a marca fosse lembrada no momento da compra. Mas essa estratégia já não tem funcionado com a mesma eficiência de antigamente.

Entender o público, suas caraterísticas, comportamentos e interesses continua sendo importante, assim como avaliar a concorrência e desenvolver uma mensagem que fixe na cabeça do consumidor em pouco tempo, são peças-chave para atingir os objetivos de venda. Essas continuam sendo as bases do marketing, e são de extrema importância, mas hoje já não são mais suficientes. Se antes a venda era o primeiro – e às vezes único – contato com o consumidor, a história é diferente agora. O desejo e a confiança na marca precisam vir antes. Algumas peças foram desmontadas e reorganizadas, e é preciso entender o que está diferente.

DILUIÇÃO DA ATENÇÃO

Antes da popularização da internet, a função de transmitir a informação se limitava às grandes mídias, porém, os custos para se veicular conteúdo nesses canais eram muito altos. Para esses veículos, era preciso conquistar uma audiência imensa e engajada para só então monetizar, ou seja, vender espaços de anúncios e transformar o investimento em lucro. Como o caminho era difícil, havia poucas opções de veículos de mídia estabelecidos, e aqueles que já estavam consolidados concentravam boa parte da atenção das pessoas. Até por conta disso, os espaços publicitários eram muito caros, permitindo que apenas grandes empresas tivessem condições de aparecer. Era um caminho elitista. Cabia às pequenas e médias empresas contarem com o boca a boca e veículos locais para anunciarem seus produtos e serviços.

Uma verdadeira revolução digital, porém, começou no início dos anos 2000 a partir do movimento chamado Web 2.0, quando as redes

MÁQUINA DE AQUISIÇÃO DE CLIENTES

sociais ganharam força, facilitando a formação de comunidades e a produção de conteúdo. Todo esse movimento trouxe ao cotidiano o acesso a um volume inimaginável de informações. Hoje, cria-se um blog ou um perfil em redes sociais em poucos minutos e a custo zero, e rapidamente passa-se a não apenas consumir conteúdo, mas também a produzi-lo. Essa facilidade permite que qualquer pessoa possa se transformar em um miniveículo de comunicação, que fala diretamente com seu público dentro do próprio nicho. Hoje todo mundo tem a oportunidade de criar algo relevante que atraia atenção e conquiste audiência.

Um profissional com experiência, por exemplo, pode compartilhar seu conhecimento e virar fonte de aprendizado para um número imenso de pessoas. É fácil encontrar novos gurus em negócios, investimentos, atividades físicas, beleza, alimentação, criação de filhos, automóveis e quantas outras áreas conseguirmos pensar. **São pessoas comuns compartilhando seus conhecimentos em áreas que dominam. E só o conteúdo on-line permite essa disseminação de forma tão democrática.** Esse novo cenário abriu espaço, por exemplo, para o surgimento de uma nova geração de influenciadores – pessoas que começaram por conta própria e hoje recebem mais atenção do que diversos veículos de mídia. Essa constatação é tão insana quanto verdadeira, e faz parte do nosso mundo atual.

E não é só isso. Cursos das melhores universidades do mundo, como das norte-americanas Harvard e Stanford, antes limitados a uma parcela muito privilegiada da população, agora podem ser encontrados gratuitamente pela internet, inclusive com traduções para diversos idiomas. Há algum tempo foi veiculada uma notícia na qual um menino de 8 anos dos Estados Unidos dirigiu até uma lanchonete do McDonald's acompanhado de sua irmã de apenas 4 anos. Como ele aprendeu a ligar o carro e dirigir? Assistindo a um vídeo no YouTube.[3]

Se seu filho é diagnosticado com alguma doença, rapidamente você encontra outros pais e especialistas compartilhando experiências. Se

---

3   BLAKE, M. Menino de 8 anos dirige furgão até o McDonald's. **Estadão**, 13 abr. 2017. Disponível em: https://www.estadao.com.br/noticias/geral,menino-de-8-anos-dirige-furgao-ate-mcdonalds,70001737257. Acesso em 5 abr. 2021.

MARKETING, VENDAS E A REVOLUÇÃO DIGITAL

vai fazer um passeio para o interior da África, por exemplo, não vai ser difícil encontrar alguém que já foi para lá e receber ótimas dicas. Uma consulta ao Google traz, em alguns milésimos de segundo, milhares de respostas sobre praticamente qualquer assunto, ordenadas por relevância e qualidade. O uso do Google, das redes sociais, dos dispositivos móveis e de seus aplicativos afetou de maneira muito profunda como pesquisamos, aprendemos, resolvemos problemas, nos comunicamos e vivemos em sociedade. E isso é incrível.

Por outro lado, esse montante de informações tem efeito direto na atenção das pessoas, que antes era direcionada a pouquíssimas fontes de conteúdo e hoje está diluída. Se tenho várias opções especializadas naquilo que mais tenho interesse, falando em uma linguagem que reconheço e a partir de um ângulo da minha preferência, por que gastar tempo em algo genérico voltado para as massas?

Hoje é muito mais difícil falar com boa parte do nosso público de uma só vez. **A atenção das pessoas se diluiu e agora tudo pode ser acessado a partir de uma infinidade de fontes. A grande questão em relação à atenção é que ela funciona como um jogo de soma--zero: para colocar aqui, é preciso tirar de algum lugar.** Se novos influenciadores e canais ganharam atenção, a grande mídia necessariamente precisou perder. Esse já é um dos argumentos que faz com que a antiga receitinha indicada nos manuais de marketing que falamos no começo deste capítulo deixasse de funcionar tão bem.

TOLERÂNCIA COM A INTERRUPÇÃO

Outra consequência dessas mudanças é a diminuição da tolerância com a interrupção. Antigamente as empresas se conectavam com o público usando um espaço reservado nos veículos – a publicidade – que quase sempre vinha como uma interrupção no conteúdo. Pode ser um estande no meio do corredor de um evento enquanto você caminha por esse espaço, pode ser um banner no meio da matéria quando você está navegando em um portal. Ou até um vídeo comercial ou merchandising no meio de um programa de televisão. Nem todo mundo gostava, mas

MÁQUINA DE AQUISIÇÃO DE CLIENTES

até pouco tempo aceitávamos pela falta de opções. Era o famoso "é o que temos para hoje" ou "aceita que dói menos".

Com a internet, o consumidor ganhou o controle do que quer e quando quer consumir. Isso o tornou cada vez mais intolerante com a interrupção que os anúncios impõem. Ninguém quer esperar um intervalo comercial gigante para continuar a assistir ao jornal. Até aqueles cinco segundos do anúncio que aparecem no início ou no meio dos vídeos do YouTube tornaram-se uma longa e desesperadora tortura até aparecer o botão "pular anúncio". A propaganda incomoda tanto nesse contexto de consumo de informação que a função de não exibir anúncios é justamente um dos grandes motivos de assinatura de contas premium do Spotify e do próprio YouTube. Há diversos produtos hoje usando esse modelo de negócio: você recebe propaganda e usa gratuitamente ou então paga para não ter propaganda. E muita gente prefere pagar a ser incomodado!

A conclusão aqui é que empurrar sua mensagem de maneira intrusiva – e muitas vezes desinteressante – como sempre foi feito nas mídias tradicionais não vai causar o mesmo impacto de antes. Antigamente tínhamos medo de perder alguma informação ou oportunidade e prestávamos mais atenção. Também não tínhamos outras fontes de conteúdo menos "poluídas" e acabávamos aceitando o que estava ao nosso alcance.

Hoje sabemos que, sempre que quisermos mais informações sobre uma marca, é só pesquisar um pouquinho na internet que as encontramos. Sabemos que, se um conteúdo está ruim e cheio de propagandas que não queremos, é só pular para outra opção. Se vamos fazer outra coisa enquanto fugimos do intervalo comercial, não há mais o receio de não voltar a tempo e perder parte do programa, é só procurar na internet que você o encontrará. Assim, a tolerância com a interrupção não apenas diminuiu como fez com que o comportamento do consumidor desses conteúdos também mudasse. E esse fator precisa ser levado em consideração.

É preciso que a comunicação seja mais inteligente, mais atrativa, personalizada. Claro que esse comportamento ainda está mudando. É um processo de transformação que acontece aos poucos, mas você precisa estar preparado. Quanto antes mergulhar nesse processo, melhor será para o seu produto.

MARKETING, VENDAS E A REVOLUÇÃO DIGITAL

MUDANÇAS NA JORNADA DE COMPRA

O efeito prático e que conclui tudo o que falamos neste capítulo é que a maneira como as pessoas compram e, por consequência, a maneira como as empresas fazem marketing e vendas já não funciona do mesmo jeito. A estratégia de pagar uma mídia de massa para alugar a atenção das pessoas, tentar fixar uma imagem e torcer para ser lembrado depois passa a ter várias premissas quebradas. **A jornada de compra mudou e você precisa se adequar para que ela faça sentido para o consumidor**, de forma que consiga vender tanto quanto antes, ou até mais (se fizer bem feito e se aproveitar de verdade das novas oportunidades).

Se há vinte anos o processo de compra de um carro se iniciava com uma propaganda na televisão ou via revista especializada, e depois com uma visita à concessionária, hoje o consumidor encontra essas informações em inúmeras fontes de conteúdo e já identifica a melhor solução de maneira on-line, antes mesmo do contato com o vendedor.

Agora é hora de entender como todas essas mudanças de comportamento do consumidor alinhadas com a internet levam as estratégias de marketing e vendas para um novo contexto e saber como aproveitar as oportunidades. Porque elas existem – eu garanto. Se o empresário entende o que está vindo, se adapta e se prepara, consegue surfar essa onda. Por outro lado, se não faz isso, corre grande risco de se deteriorar e ficar preso ao passado.

Este livro é um guia para as empresas se engajarem nesse novo mundo a partir da Máquina de Aquisição de Clientes, um método baseado em experiências bem-sucedidas, testado e validado por empresas que já se adaptaram e estão crescendo no mundo digital. **Por meio dessa metodologia, os esforços de marketing e vendas geram resultados concretos em vendas, receita e crescimento para as empresas de maneira previsível.** Ele não surgiu de um surto de criatividade, mas de anos de estudos e conhecimento do mercado.

Antes de chegar ao método em si, você precisa conhecer as várias metodologias usadas no mundo digital. Esse conhecimento é fundamental para entender o funcionamento da Máquina de Aquisição de

MÁQUINA DE AQUISIÇÃO DE CLIENTES

Clientes e como aplicá-la ao seu negócio. Não se preocupe, eu vou explicar tudo o que você precisa saber nos próximos capítulos. Siga comigo nesta caminhada!

É simplesmente impossível que **o comportamento das pessoas** tenha mudado tanto nos últimos anos e ainda assim a **forma de fazer marketing e vendas** tenha se mantido igual.

@andregcsiqueira

MÁQUINA DE AQUISIÇÃO DE CLIENTES

capítulo 2: um mar de possibilidades – várias metodologias e caminhos

Ao tentar surfar a onda do momento e conseguir vender mais, as empresas ou os departamentos de marketing estão apostando as fichas em qualquer novidade que surge e que "parece" dar resultados. O pedido de uma permuta é visto como a chance de entrar na moda do trabalho com influenciadores, por exemplo. Uma oportunidade de aparição na mídia é vista como a chance de ouro de mudar o patamar da empresa. Uma ideia de artigo vira álibi para dizer que está se fazendo marketing de conteúdo – e assim por diante. Sobram ideias e opções de ações, mas muitas vezes elas são pontuais e focadas em modismos que raramente são de fato transformadores e que criam o impacto desejado. **Existem muitas estratégias novas sendo aplicadas, muitas ferramentas surgindo, mas o vaivém de ideias rasas e a falta de foco mais atrapalham do que ajudam, e nem todas as dinâmicas são eficazes para o seu negócio, seu produto e seu tipo de cliente.**

Em marketing, esse comportamento é conhecido como Síndrome do Objeto Brilhante e está ligado à tendência de sermos atraídos pela última grande novidade do mercado – o objeto que mais reluz na vitrine – e a necessidade de usá-lo simplesmente pelo fato de ser

MÁQUINA DE AQUISIÇÃO DE CLIENTES

novo e diferente.[4] Ninguém quer ficar de fora ou parecer que não conhece as novidades. A lógica para o uso dessas estratégias é simples: "alguém usou e parece que deu resultado, eu também quero fazer".

O que a Síndrome do Objeto Brilhante mostra é que em marketing é preciso ir com calma. Nem toda inovação serve para ajudar seu negócio, principalmente quando se trata de pequenas e médias empresas. Não há por que entrar em todas as redes sociais se aquilo não faz sentido para o seu negócio ou se o seu público não está ali. Também não é necessário criar um conteúdo sobre algo pontual, como um assunto debatido no momento, se o tema não tiver uma ligação lógica com o produto que vende. Você estará perdendo tempo e dinheiro perseguindo o objeto brilhante e não focará em uma estratégia bem definida que realmente trará resultados. Ou seja, cairá em uma cilada.

Trazer clientes não é só criar uma campanha bacana de olho no objeto brilhante e torcer para os clientes virem, também não é depender do esforço individual de cada vendedor prospectando. É, na verdade, uma combinação de passos bem pensados e conectados.

O ponto em que quero chegar é que hoje a competição é tão forte que fica muito mais difícil ter sucesso com ações sem profundidade e sem planejamento, feitas a toque de caixa. O resultado tende a ser muito abaixo da média quando comparamos com quem faz do jeito certo. Em geral é preciso se aprofundar no tema e também orquestrar a ação com toda a estratégia de aquisição. Raramente isso acontece nas ações pontuais.

Para resolver esse problema da falta de estratégia e planejamento em ações pontuais e pouco conectadas, surgiram metodologias mais claras e bem amarradas, conectando melhor os pontos-chave para acelerar os resultados. Quero apresentar algumas delas aqui. É provável que sejam nomes que você já ouviu e que, sabendo que este é um livro moderno de marketing e vendas, talvez tenha a expectativa de entendê-las melhor. Logo depois de apresentá-las, mostro também

---

[4] GRABOIS, Joel. Digital Marketing and "Shiny Object Syndrome". **Blue Onion Media**, 2021. Disponível em: https://blueonionmedia.com/digital-marketing-and-shiny--object-syndrome/. Acesso em: 20 maio 2021.

UM MAR DE POSSIBILIDADES – VÁRIAS METODOLOGIAS E CAMINHOS

as falhas que vejo nessas metodologias e quais são as oportunidades que temos de fazer ainda melhor. Fique comigo!

INBOUND MARKETING

Umas das metodologias mais relevantes e uma das primeiras a abrir portas para o tipo de publicidade em que não há dependência das grandes mídias tradicionais para aparecer, ajudando a democratizar a maneira de anunciar uma empresa ou um serviço. Esse é o Inbound Marketing.

Entendido como o marketing da atração, o Inbound Marketing surgiu em contraponto ao Outbound Marketing que era utilizado até então – interromper as pessoas para impor a apresentação do seu produto, como falamos no capítulo anterior. A partir do Inbound, a visão de atrair o cliente mudou completamente de foco. **Se antes era usado o produto como tentativa de atrair a atenção do consumidor, com o Inbound Marketing o ponto central passa a ser apresentar um conteúdo de qualidade que ajuda o cliente em suas dores e desafios para então despertar interesse e fazer com que ele queira, por conta própria, conhecer e acompanhar o que a empresa tem a dizer.** Não há interrupção.

Parte da premissa é deixar de lado a mentalidade de estar sempre vendendo (afinal, se só vendemos o tempo inteiro, as pessoas perdem o interesse no que podemos falar) e passar a construir um relacionamento verdadeiro, encarando a venda como algo natural no longo prazo. É o marketing mais autêntico, que agrada e que as pessoas absorvem, ao invés de algo que incomoda e irrita.

Para conseguir chegar ao consumidor dessa maneira, toda empresa precisa ser também uma empresa de mídia. Ela mesma cria o conteúdo e engaja a audiência que precisa para oferecer seu produto e gerar mais vendas. Não é mais necessário ficar pagando ao intermediário por um aluguel temporário de um espaço no jornal ou de minutos na TV. Por meio de um blog ou das redes sociais, toda empresa consegue ter a própria audiência e falar direto com seu cliente quando achar necessário (todo dia, toda semana, enfim, o que for melhor). Alguém pode tentar copiar sua empresa, mas mesmo que um produto semelhante ao seu seja lançado no mercado, a audiência conquistada durante todo esse tempo continuará sendo sua e é muito mais difícil de ser angariada do dia para a noite.

Quando surgiu, o Inbound Marketing era uma estratégia para fazer um marketing mais agradável e interessante para o consumidor, aproveitando-se das novas mídias. Mas considero que os avanços dessa metodologia foram um tanto além. O inbound uniu muito do que já era feito de forma isolada, como SEO (sigla para Search Engine Optimization, traduzido como otimização para mecanismos de buscas), landing pages, e-mail marketing e otimização de resultados. É fácil de entender essa mescla e o benefício disso. Se escrevemos bons artigos, entendemos que isso vai nos ajudar a ficar bem posicionados no Google para um número de termos que vão resultar todo mês em determinado volume de buscas. A partir dessas buscas, mais pessoas acessarão os conteúdos, preencherão formulários do site e deixarão as informações de contato, que serão repassadas a um vendedor caso faça sentido. Um percentual desses contatos finaliza a compra e se torna cliente. Olhando os números gerados conseguimos otimizar os resultados. E esse círculo repete-se mês a mês, virando uma peça muito maior na aquisição de cliente, combinando de forma direta marketing e vendas.

As ações podem começar devagar, mas com a melhoria constante o volume aumenta e os benefícios da metodologia ficam claros. É possível começar com uma meta de dois clientes adquiridos no mês e, depois de algum tempo, aumentar para três, cinco, sete, dez e assim por diante. De repente, sua meta poderá estar em centenas ou milhares de clientes, com a possibilidade desse acúmulo ser cada vez maior. Não é algo fácil, é um trabalho construído de forma gradual, mas é real e muito poderoso! Foi exatamente assim que aconteceu conosco na RD Station.

Mas o Inbound Marketing é só uma das metodologias que existem no meio digital. Ao longo do tempo outras surgiram e se tornaram opções viáveis também. Conhecê-las é fundamental, pois ajudarão a entender melhor esse segmento e também como funciona a Máquina de Aquisição de Clientes que vou apresentar nas próximas páginas.

UM MAR DE POSSIBILIDADES – VÁRIAS METODOLOGIAS E CAMINHOS

GROWTH HACKING

O Growth Hacking é uma maneira de encontrar alavancas de crescimento rápido nas empresas com base na construção de hipóteses e experimentos. Na prática, ele pega as melhores ideias para resolver um problema, testa como aplicá-las e, com base nos resultados obtidos, encontra *hacks* – que são oportunidades, atalhos – para gerar um novo processo focado em crescimento e escala que foi testado e comprovado.

O termo foi cunhado em 2010 por Sean Ellis, que na época era líder de growth do Dropbox.[5] Ele analisou empresas que cresceram exponencialmente e viu que elas tinham alguns pontos em comum: todas fugiam do marketing tradicional; tinham equipes responsáveis pelo crescimento formadas por profissionais com perfis diferentes, que iam do analítico ao criativo; faziam rigorosas otimizações baseadas em análises e dados; não deixavam espaço para achismos; e possuíam um processo bem estruturado para implementar as melhorias ajudando as empresas a crescer. Esse processo contínuo, que ele chamou de Growth Hacking, seria o responsável pelo crescimento acelerado dessas empresas.

Como ainda é um assunto relativamente novo e há poucos profissionais especializados, principalmente no Brasil, há certa confusão a respeito do que é o verdadeiro papel do Growth Hacking e do que ele se difere de uma atuação de uma área de marketing tradicional. Não é raro que se defina Growth Hacking pela mentalidade focada em crescimento real e pelo processo contínuo de otimização, com foco em dados e resultados concretos de faturamento. Porém, é possível ter tudo isso dentro de um departamento de marketing. **A grande diferença é que, além do olhar de otimizações e testes, Growth Hacking tem um olhar mais completo, que vai além da aquisição de clientes.** Essa equipe olha também para monetização (pelo que cobrar, como cobrar, quanto cobrar, quando cobrar), engajamento com o produto e retenção de clientes, entendendo que todas essas partes estão conectadas e devem ser trabalhadas em conjunto. Daí a necessidade de ter profissionais de

---

5   GROWTH hacking: o que é + guia prática para aplicar na sua empresa. **Resultados Digitais**, 11 ago. 2020. Disponível em: https://resultadosdigitais.com.br/blog/o-que-e-growth-hacking/. Acesso em: 15 maio 2021.

diferentes áreas, como observou Sean Ellis,[6] com conhecimentos em marketing, em análise de dados e até em engenharia de software.

Por growth entendemos, por exemplo, que garantindo o sucesso do cliente e melhorando a retenção, a indicação e as vendas maiores na própria base, podemos ser tanto ou mais bem-sucedidos na geração de receita e no crescimento do que só ganhar clientes novos. Essa visão do todo é poderosa e permite que se foque nas principais alavancas e que se cresça com a melhor eficiência possível.

 Para saber mais sobre Growth Hacking é fácil! Basta apontar a câmera do seu celular para o QR Code ao lado ou acessar o site https://www.andresiqueira.me/livro/complementos/growth-hacking. ▶▶▶▶

36 ACCOUNT-BASED MARKETING (ABM)

Account-based marketing ou simplesmente ABM, significa marketing baseado em contas. **Utilizado com mais frequência no segmento B2B,[7] tem como principal foco criar ações de marketing e vendas direcionadas e personalizadas apenas para contas estrategicamente selecionadas.**

Essa metodologia é importante porque quando vendemos para grandes contas ou empresas, o processo de vendas é diferente daquele que acontece com o consumidor final. Nessas empresas, é preciso influenciar várias pessoas envolvidas no processo de compras – os tomadores de decisão – até conseguir fechar um negócio.

Nesse caso, em vez de seguir a linha do inbound, em que criamos conteúdo e esperamos que as pessoas venham até o produto, no Account-based marketing decidimos antes com quais empresas queremos trabalhar, para então criar materiais e campanhas personalizados para as necessidades de cada uma dessas grandes contas.

---
6   ELLIS, S.; BROWN, M. **Hacking growth**: a estratégia de marketing inovadora das empresas de crescimento mais rápido. Rio de Janeiro: Alta Books, 2018.
7   B2B significa Business to Business e refere-se ao comércio em que uma empresa vende algo a outra empresa. (N.E.)

UM MAR DE POSSIBILIDADES – VÁRIAS METODOLOGIAS E CAMINHOS

Se no inbound o cliente é atraído por nós, no ABM nós precisamos ir até o cliente e chamar a atenção de alguma forma.

Esse processo de personalizar todas as ações custa caro, por isso a ideia de trabalhar apenas com contas selecionadas, aquelas que mais têm potencial de grandes compras e, portanto, responsáveis pela maior fatia do faturamento. Apesar do custo, as empresas que se enquadram nesse contexto não abrem mão de usar o ABM. Em um estudo realizado pela empresa SiriusDecisions, 92% das empresas citam o ABM como de extrema importância para seus esforços em marketing,[8] já que geram mais receita e alto retorno no investimento.

 Se você quiser saber mais sobre ABM, basta apontar a câmera do seu celular para o QR Code ao lado ou acessar o site https://www.andresiqueira.me/livro/complementos/abm ▶▶▶▶

FLYWHEEL, FUNIL AMPULHETA E SUCESSO DO CLIENTE

Existem algumas correntes mais recentes no marketing que questionam o funil de vendas tradicional, dizendo que ele está ultrapassado e que deveria ser substituído por novas propostas. Entre elas está o *flywheel* – termo que não tem tradução direta para o português, mas se refere a um volante de inércia, que ganha potência por conta própria, sem esforços extras, conforme vai ganhando velocidade – e pelo funil ampulheta.

No flywheel a ideia principal é que a coleta de dados de satisfação e sucesso do cliente, quando usada para otimização do método de aquisição, retroalimenta o processo de vendas e gera frutos cada vez melhores, resultando em mais clientes com o perfil adequado. Já a ideia do funil ampulheta é continuar o relacionamento com o cliente

---
8 SENATORE, M. The Pace of Account-based Marketing Accelerates. **Forrester**, 29 jul. 2015. Disponível em: https://go.forrester.com/blogs/the-pace-of-account-based-marketing-accelerates/. Acesso em: 15 maio 2021.

depois da venda, ajudando-o a comprar mais e incentivando-o a indicar a empresa a amigos e familiares.

Assim como o Growth Hacking, essas duas estratégias olham mais para o ciclo completo e focam a satisfação do cliente, indo muito além da venda. Por isso também, as empresas estão investindo cada vez mais no que se convencionou chamar de Customer Success ou Sucesso do Cliente. Para essa estratégia, a empresa foca em fazer com que o cliente atinja seus objetivos com o produto ou serviço adquirido, ou seja, fique satisfeito e isso gere maior retenção de clientes, aumento no ticket médio, vendas de novos produtos e indicações para outras pessoas.

Para isso, o departamento responsável por essa estratégia – as grandes empresas já possuem equipes exclusivas para cuidar de Customer Success – precisa conhecer o cliente e entender a jornada e os objetivos dele ao comprar um ou outro produto. Assim é possível desenhar um caminho para que o consumidor fique totalmente satisfeito. Pode ser por meio da produção de determinado conteúdo que o ajude de alguma forma; por avisos automatizados, perguntado, por exemplo, se ele gostou do produto, como a empresa pode ajudá-lo ou mostrando outros produtos semelhantes; pode ser a partir da realização de reuniões 1-1 (one-on-one), em que a empresa entra em contato diretamente com o cliente; ou qualquer outro caminho que o negócio definir. O importante é conhecer esse cliente e entender as maneiras de mantê-lo sempre próximo da marca. Uma vez que isso acontece, a empresa só tem a ganhar.

 Para acessar o conteúdo extra sobre *Customer Success* é fácil! Basta apontar a câmera do seu celular para o QR Code ao lado ou acessar o site https://www.andresiqueira.me/livro/complementos/customer-success ▶▶▶▶

PRODUCT LED GROWTH (PLG)

Product Led Growth é uma estratégia que coloca o produto como peça fundamental da estratégia de aquisição de clientes e crescimento.

UM MAR DE POSSIBILIDADES – VÁRIAS METODOLOGIAS E CAMINHOS

O produto é desenhado para se espalhar e gerar volume. É por isso que quase sempre há uma versão grátis, que é útil e elimina barreiras. Em muitas das vezes, a versão gratuita se soma com alguma possibilidade de enviar convites e fazer com que mais pessoas conheçam o produto, e isso gera um efeito viral. A marca não precisa investir em anúncios ou outros canais custosos, porque o produto chega às pessoas por meio de pesquisas e indicações e ganha a adesão delas. Normalmente também é um produto fácil de usar, com interfaces que oferecem muita simplicidade e permitem que as pessoas façam tudo sozinhas e de maneira intuitiva, sem a necessidade de um vendedor ou alguém explicando cada passo. É o caso do Spotify, por exemplo, como produto para o consumidor final, ou do Slack, como produto para empresas.

Dessa forma, no lugar de um processo focado em gerar contatos (leads), passar as informações para o departamento de vendas e então levar os produtos até o cliente, no PLG a ordem muda. Primeiro leva-se o produto, o cliente começa a usar e, dependendo do perfil e da profundidade de uso, há a tentativa de venda, que pode ser por um vendedor ou por e-mail, anúncios etc.

Claro que distribuir uma versão gratuita traz custos para a empresa, mas eles são bancados pelos clientes pagantes. Ou seja, uma das partes fundamentais é justamente transformar usuários gratuitos em clientes pagos.

A empresa consegue analisar, entre seus usuários, quais estão usando mais o produto e que apresentam características mais propensas à compra. Então o produto funciona como um gerador de contatos muito qualificado para vendas, levando a taxas de conversão muito altas e custo de aquisição mais baixo.

 Para saber mais sobre PLG, basta apontar a câmera do seu celular para o QR Code ao lado ou acessar o site https://www.andresiqueira.me/livro/complementos/PLG ▶▶▶▶

Todas essas metodologias e estratégias são válidas e têm seu valor, mas muitas vezes elas são apresentadas como "donas da

MÁQUINA DE AQUISIÇÃO DE CLIENTES

verdade", como "as melhores e as mais indicadas", sem necessariamente dar margem para ir além disso e entender nuances de cada
contexto de venda e consumo.

É comum que uma metodologia, em seus fundamentos originais,
funcione melhor em um perfil mais específico de empresa, de mercado
ou de cliente. O que não quer dizer que, mesmo que o seu perfil de
empresa não case perfeitamente com a proposta original da técnica,
ela não tenha elementos úteis e eficientes para serem aplicados no
seu empreendimento.

O que eu proponho com este livro é uma metodologia que permita
unir o melhor de cada um desses métodos apresentados anteriormente
para criar a Máquina de Aquisição de Clientes, uma técnica com previsibilidade, escalabilidade e lucratividade. **Esse método é diferente
porque permite agregar todas essas estratégias e ainda outras que
não fazem parte do processo tradicional, mas que, eventualmente, funcionam e tornam a aplicação ainda mais poderosa em sua
totalidade.** Este livro trata sobre um conjunto possível de processos
que você deve aplicar para vender mais.

Agora que você já conhece como o marketing era feito – o outbound
– e as técnicas mais modernas utilizadas atualmente, iremos avançar
para os conceitos que envolvem a Máquina de Aquisição de Clientes.
Vou ensinar toda essa metodologia para que a sua empresa entre de
vez nesse novo mundo do marketing e das vendas. Ela está aqui, você
só precisa virar a página para que possa começar a entendê-la. Vejo
você no próximo capítulo.

Metodologias ajudam a apontar uma direção.

Elas tiram a distração, limitam um universo de caminhos e possibilidades – que geram dúvidas – a algumas opções potencialmente mais efetivas. No entanto, **é preciso cuidado para** uma metodologia **não te travar**, não se adaptar ao seu contexto.

@andregcsiqueira

MÁQUINA DE AQUISIÇÃO DE CLIENTES

capítulo 3:
a Máquina de Aquisição de Clientes

Mesmo com o passar dos anos, o Inbound Marketing continua sendo uma arma muito poderosa para gerar resultados expressivos e posso afirmar que grande parte do crescimento da RD Station deve-se às estratégias dessa modalidade aplicadas ao negócio. Mas como vimos no capítulo anterior, o inbound não é a única possibilidade capaz de atrair o consumidor e gerar crescimento. Existem outras metodologias que também podem ser usadas.

Porém, o que observei durante a minha trajetória profissional é que essas metodologias, apesar de serem boas, são muitas vezes apresentadas ou entendidas pelas empresas como rígidas e fechadas, tendo que ser seguidas à risca para funcionarem. Se isso de fato for verdade, elas só funcionam para um determinado contexto.

O inbound, por exemplo, funciona muito bem quando a venda é mais complexa, na qual o comprador passa por um processo de busca por informações e construção de relacionamento mais longos. Não é para uma venda por impulso e imediata. **É um caminho que toma tempo, com muitas oportunidades para a empresa moldar a opinião do comprador, educá-lo e se posicionar como referência.** Geralmente, o preço de venda não é tão baixo e envolve situações nas quais nem sempre o comprador está disposto a fechar negócio no primeiro contato. Muitas vezes é preciso o envolvimento de

MÁQUINA DE AQUISIÇÃO DE CLIENTES

um vendedor, que falará diretamente com o cliente para conseguir fechar a venda. É a compra de um apartamento ou de uma casa, por exemplo. Ninguém compra um imóvel em um ato de impulso, as pessoas preferem pensar com calma para tomar a decisão mais conscientemente. Em uma empresa, podemos pensar na compra de um software ou na contratação de uma consultoria. Como é algo que custa alguns milhares de reais, o departamento responsável analisa todas os aspectos do negócio antes de decidir pela compra.

Já o Outbound Marketing vai muito bem quando é usado para bens de consumo de valor menor e direcionados para as grandes massas, por exemplo a compra de alimentos e bebidas (não é à toa que esse segmento anuncia tanto).

O ABM é usado somente para contas muito grandes, como uma grande empresa. Essas contas investem milhares ou até mesmo milhões de reais por ano no que estão comprando – seja um produto ou serviço –, portanto, o trabalho precisa ser executado de outra forma. Não adianta esperar o cliente ir até você ou fazer o caminho tradicional do inbound, em que o cliente busca informações, há tempo de educá-lo e mudar a opinião ao longo do caminho. **Aqui a empresa vendedora precisa assumir um papel de protagonista e criar ações direcionadas exclusivamente para essa grande conta. É um investimento alto e que só pode ser feito quando o retorno também é alto.** Sem contar o Growth Hacking, que depende de amplo conhecimento em diferentes vertentes (aquisição, monetização, retenção e engajamento), caraterísticas de um tipo de profissional ainda pouco encontrado no mercado brasileiro. Hoje essa estratégia é mais comum em empresas de tecnologia.

Esses só foram alguns exemplos das metodologias que apresentei no capítulo anterior para mostrar que, apesar de não se encaixarem em determinados contextos, todas elas têm elementos importantes que podem gerar bons resultados.

Foi de uma análise assim que veio a ideia de mesclar essas ações. Por que não pegar o que há de bom em cada uma delas e criar um método próprio de aquisição de clientes? Em um momento você pode usar o Inbound Marketing com o Outbound Marketing, em outros, algum

A MÁQUINA DE AQUISIÇÃO DE CLIENTES

elemento do ABM... enfim, não há por que desprezar o que cada uma tem de melhor ou ficar preso em apenas uma estratégia. Essa é a Máquina de Aquisição de Clientes. Penso que podemos emprestar as melhores ideias de cada porção para criar uma estrutura própria de aquisição. **O que a metodologia propõe é que devemos entender, priorizar e transformar as possibilidades em um sistema que seja eficaz para diferentes tipos e portes de negócio, com capacidade de investimento e expectativas de resultados muito diferentes entre si.**

Eu cheguei a esse método quando tive o desafio de trabalhar com aquisição de clientes na RD Station. Fui aplicando, testando, fazendo adaptações e percebendo quais das estratégias geravam mais resultados. Nesse caminho fui percebendo que nem sempre o que funcionava para uma empresa era o ideal para outra. E mais: havia empresas em que nenhuma metodologia se encaixava 100%. Por isso que ter a flexibilidade de usar o mais relevante de cada uma era a melhor solução. Essa é a maior vantagem da Máquina de Aquisição de Clientes: ter a possibilidade de moldá-la de acordo com o momento do seu negócio.

Chamei o método de Máquina porque a ideia é que ele gere algo previsível. Quando uma máquina está operando de maneira adequada, o produto final será sempre o mesmo, você sabe o que vai sair dela. Há um input (o que você coloca na máquina) e um output (o que sai pronto dela) esperados. Entra algo, sai algo. Está confuso? Imagine que você está fazendo um bolo. O input são os ingredientes, o output é o bolo pronto. No Inbound Marketing, o input é o conteúdo, já o output são os clientes. A ideia é termos processos de aquisição tão bons que funcionem com a eficiência de uma máquina.

Neste capítulo vou ensinar as etapas que compõem a Máquina de Aquisição de Clientes e como usá-la na realidade da sua empresa, mas antes precisamos falar um pouco sobre funil. Entender esse conceito tradicional do mundo de marketing e vendas será muito importante daqui para a frente.

FUNIL DE VENDAS

O funil de vendas é uma representação gráfica que mostra todos os estágios de relacionamento consumidor-empresa na jornada do cliente, envolvendo desde o primeiro contato com a empresa até o fechamento do negócio.

Há diferentes modelos de funil, com diferentes estágios e profundidades de relacionamento, mas podemos usar o modelo anterior como exemplo. **A lógica é entender que há um processo até a compra.** Resumidamente: o cliente descobre, passa a conhecer e só depois compra. Mas esse funil pode e deve continuar a trabalhar com recompras, upgrades, cross-sell[9] e indicações. Nosso objetivo como empresa é sempre colocar mais pessoas nesse funil e fazer com elas avancem de uma etapa à outra com a maior eficiência possível.

Perceba que o funil não indica uma divisão clara de responsabilidades. Marketing e vendas fazem juntos esse papel, cada um nas suas atribuições (algo que vamos falar mais adiante). Desde o começo deste livro eu ressalto a importância dessa parceria. Se não atuam juntos e de maneira integrada, o funil não funciona e as chances de uma venda acontecer caem drasticamente.

---
9   Cross-sell é a venda cruzada, em que você vende ao cliente outros produtos que são complementares àquele que ele já adquiriu. (N.E.)

DE VOLTA AO MÉTODO

O funil explica os estágios da jornada de um cliente, mas não fala das atividades que uma empresa deve fazer para que ele funcione bem. É por isso que, junto de cada parte do funil de vendas, a Máquina de Aquisição de Clientes usa cinco tipos de atividades, cada uma com um objetivo específico que permite que, mesmo usando diferentes elementos e práticas de metodologias, as coisas continuem a conversar, mantenham a unidade e a eficiência. **Com isso, temos múltiplas possibilidades de práticas no funil, adaptadas aos diferentes tipos e portes de negócio, com capacidade de investimento diferentes e as mais variadas expectativas de resultados.**

Para entender melhor, veja a figura a seguir e, em seguida, leia o significado de cada elemento:

- **Atrair:** essa etapa tem o objetivo de buscar gente nova, fazer com que aquelas pessoas que ainda não conhecem a empresa, a marca ou o produto visitem seu site, blog, loja ou qualquer outro meio em que esteja presente. É ser visto, fazer com que desconhecidos o descubram;

MÁQUINA DE AQUISIÇÃO DE CLIENTES

⚙ **Converter:** é a etapa em que você transforma o visitante que foi atraído no passo anterior de desconhecido para conhecido. Aqui buscamos criar algum ponto de contato entre ele e a empresa, um meio de manter a comunicação. Isso normalmente acontece quando o visitante entrega um dado de contato para a empresa, como telefone ou e-mail. Nós chamaremos aqui de contato, mas quem forneceu essas informações também é chamado, na línguagem do mercado, de lead;

⚙ **Relacionar:** nessa etapa, o foco é manter o relacionamento próximo com o contato, ganhando credibilidade, ensinando mais sobre determinado assunto ou sobre o mercado em que você trabalha, preparando o espaço para uma abordagem comercial mais adiante;

⚙ **Vender:** momento em que o contato, já familiarizado com a empresa depois de percorrer as três primeiras etapas, compra o que você vende e vira cliente. É o momento de colocar o dinheiro no bolso;

⚙ **Analisar:** aqui você deve analisar todas as ações das etapas anteriores, estudar como o funil se formou, verificar o que funcionou, o que não deu muito certo e como pode melhorar esse processo, otimizando o sistema. Lembre-se de que, com o método, cada empresa irá compor o funil de acordo com a sua realidade, então essa análise é muito importante.

De maneira prática, precisamos **atrair** gente nova e fazer com que o nosso site (ou qualquer outro meio) seja visitado. Depois o objetivo é **converter** esses visitantes desconhecidos em pessoas conhecidas e que nos deem pelo menos um canal de contato para continuarmos a conversa. A partir daí temos o **relacionamento** de fato. Mantemos a conversa quente, ou seja, cultivamos o interesse do contato em nossos conteúdos ou em nossos produtos e serviços, não deixando esse interesse esfriar e preparando o espaço para uma abordagem comercial no futuro. Com o cliente em potencial mais próximo, chega a hora de **vender** de fato. Por fim, é necessário **analisar** as etapas anteriores e encontrar as oportunidades de melhoria.

Esse é o pensamento da Máquina de Aquisição de Clientes. E o que eu faço para atrair? O que eu faço para transformar desconhecidos

A MÁQUINA DE AQUISIÇÃO DE CLIENTES

em conhecidos? O que faço em cada uma dessas atividades? Calma! No Capítulo 5, vamos analisar diversas práticas para compor esse funil, além de cases práticos de grandes empresas para você conhecer as diversas opções de blocos de montagem. **Conhecendo essas etapas, você vai montar a própria Máquina, como uma brincadeira com peças de encaixar, pegando diferentes partes que se encaixam até chegar ao formato ideal para o seu negócio.**

A maioria das atividades seguem o funil mostrado na ilustração anterior, mas é verdade que a ordem pode variar de acordo com o tipo de negócio que estamos falando. Temos, por exemplo, algumas opções de venda simples (o comércio em geral, por exemplo), no qual não é fundamental gerar relacionamento ou captar contatos antes da compra. Nesse caso, o cliente vê o produto e já compra direto. Ainda assim, o relacionamento posterior é peça fundamental, pois pode gerar recompras que aumentarão os resultados.

Se o cliente entrou na loja, não comprou e foi embora, oferecer algo de valor a ele em troca de um contato pode gerar um relacionamento que se transforma em venda. Temos muitas opções e o que mudará de um caso para o outro é a ordem na qual o funil deve ser aplicado, a lógica é muito parecida e você deve apenas adequar às suas necessidades. São raríssimos os casos em que a Máquina de Aquisição com os cinco tipos de atividade não faz sentido para a empresa, o que acontece na maioria das vezes é que são precisos ajustes de acordo com o perfil do negócio ao qual está atendendo para então funcionar.

O ponto de delimitar essas cinco tarefas, ou objetivos, é garantir que tudo o que a gente escolha como metodologia ou como ação se conecte. É fazer com que coloquemos a prática dentro de uma dessas caixinhas e que isso faça sentido no todo. Quando fazemos uma ação pontual, ou seja, investimos em um único canal (por exemplo, em influenciadores) ou pegamos de forma avulsa um elemento de uma metodologia, é natural que os resultados não apareçam. Isso não significa que o canal é ruim ou que a estratégia esteja errada. O que acontece, provavelmente, é falta de clareza do papel dela, além de outras práticas que a complementem. Pode ser que aquela ação esteja cumprindo bem somente uma etapa do funil como, por exemplo, atraindo, mas não convertendo. A solução é entender que outras ações vão ajudar a tornar a outra etapa do funil melhor. A Máquina naturalmente é essa cola, e nos força a pensar no todo e na jornada.

Uma boa analogia é a tática de um time de futebol. Um time é divido em um goleiro, defensores, meio-campo e ataque. Se eu contrato um jogador, preciso definir em qual posição ele vai jogar e, a partir disso, eu sei o que esperar dele. Por mais que eu queira que meu time faça gols (ou vendas) não é isso que eu vou avaliar em um goleiro ou em um zagueiro. O problema acontece quando eu coloco alguém com habilidades defensivas para atacar e fazer o gol. Ou então quando coloco na defesa e ela vai bem, mas eu não tenho bons meio-campos e atacantes para criar jogadas e finalizar. É isso que a metodologia exige: que você entenda as aptidões naturais e em que posição colocar cada prática, além de conseguir olhar para o todo e entender quais posições ainda falta cobrir para garantir a efetividade.

Como você viu, a Máquina de Aquisição de Clientes é um conceito simples, porém poderoso, para ajudar cada pessoa que está lendo este livro a vender mais e fazer sua empresa crescer. Enquanto estive na RD Station adaptei essas práticas diversas vezes, sempre entendendo o objetivo de cada etapa e as encaixando no funil para obter resultados ótimos.

A partir de agora você vai entender a partir de exemplos reais como isso funciona. Mas antes de olharmos as práticas e analisarmos os cases, quero que preste bastante atenção no próximo capítulo. Vou trazer alguns conceitos básicos que você precisa conhecer e preparar antes de começar a compor o seu funil. Siga comigo!

A capacidade de **entender estratégias e saber adaptar** ao contexto está no coração das habilidades de um profissional de marketing e vendas. E isso é algo que **a Máquina de Aquisição de Clientes proporciona**.

@andregcsiqueira

MÁQUINA DE AQUISIÇÃO DE CLIENTES

capítulo 4:
antes de compor o funil, um pouco dos fundamentos

Assim como não seria inteligente investir na construção de uma casa em um terreno de encostas sem uma boa fundação, não faz sentido construir todo o funil e buscar escalar no marketing quando a base não está bem consolidada. Chegamos, portanto, ao Capítulo 4, e você já deve estar se ambientando com o funil de vendas e com a Máquina de Aquisição de Clientes. **Entretanto, antes de falarmos sobre as técnicas efetivas para alavancar o seu negócio, é preciso visitarmos alguns dos conceitos mais importantes do marketing para que você saiba quais indicadores olhar quando o assunto é vender mais e para mais pessoas.** Isso por que existem muitos conceitos que podem ser aplicados, mas a base é sempre a mesma, e é sobre ela que vamos falar agora.

No próximo capítulo, você vai ser apresentado a vinte práticas diferentes e poderá decidir qual colocar em ação, de acordo com seu objetivo e tipo de negócio, mas aqui você não tem escolha. Apresento itens para os quais toda empresa deve olhar para garantir que o checklist esteja sendo cumprido. Se não tiver esses pontos claros e bem resolvidos, é pouco provável que a estruturação do funil funcione bem. Portanto, vamos a eles. É hora de falarmos sobre o básico e necessário!

UM BOM PRODUTO: CHEGAR AO PRODUCT MARKET FIT (PMF)

Há alguns anos, Steven Gary Blank lançou a obra *Do sonho à realização em 4 passos: estratégias para criação de empresas de sucesso*,[10] um livro que revolucionaria as startups ao apresentar a metodologia necessária para a construção de novos produtos – e, por consequência, empresas – em ambientes cheios de incertezas e descobertas. Até então, o ecossistema das startups vivia de maneira imprevisível, com erros e acertos, sucessos e (muitos) fracassos, com baixas taxas de sobrevivência dos negócios e alto risco para investidores. Esse era o *modus operandi* da categoria.

Antes disso, a elaboração do plano de negócios era basicamente o único caminho disponível para planejar e avaliar uma empresa, mas o problema, como você pode imaginar, é que ele não passa de um planejamento, dados em um papel. A prática, muitas vezes, funcionava de maneira completamente diferente. Essa realidade, como sabemos, pode ser muito cruel. Desse modo, por meio do resultado de suas pesquisas, Blank entendeu que **a maior causa para startups não darem certo é o desenvolvimento de produtos sem mercado, ou seja, que não atendem os desejos ou as necessidades reais dos consumidores**. Então, o empreendedor apresentou uma metodologia para fugir desse erro tão comum: em linhas gerais, ele observou que dificilmente a primeira ideia de um produto é perfeita. Isso é esperado e não é um problema desde que o investimento feito na produção não tenha sido alto. É preciso, na verdade, possibilidade de criar versões mais simples para colher feedbacks e aprender com os erros, entendendo falhas e apontando direções mais promissoras. Segundo Blank, depois de algumas iterações com o público-alvo, idas e vindas, é provável que se consiga chegar a uma versão que realmente seja do interesse das pessoas. E isso aumenta muito as chances de sucesso do projeto.

Encontrar essa versão que agrada é chegar ao Product Market Fit (PMF), o casamento perfeito entre a oferta do produto e o desejo do

---

10   BLANK, S. G. **Do sonho à realização em 4 passos**: estratégias para a criação de empresas de sucesso. São Paulo: Évora, 2012.

ANTES DE COMPOR O FUNIL, UM POUCO DOS FUNDAMENTOS

mercado. É quando a empresa descobre que o produto é bom e pode escalá-lo usando o marketing. Imagine o enorme desperdício de tempo e recursos ao investir agressivamente em marketing e aquisição de clientes enquanto o produto não é minimamente desejado ou enquanto os consumidores não ficam satisfeitos com o que adquirem.

Depois da metodologia criada por Blank, outras ideias foram surgindo, seja aperfeiçoando a teoria que ele havia proposto seja propondo outros caminhos. Um dos problemas da linha de Blank é que chegar ao *Product Market Fit* é um conceito bastante abstrato e por isso fica difícil saber se seu produto é bom o suficiente.

Uma ideia que ganhou força veio de Sean Ellis, que comandava o marketing do Dropbox e foi o responsável pelo uso do termo growth no marketing (como falamos no Capítulo 2). Ele criou uma enquete simples para medir a satisfação e o desejo e que pode ser usada em diferentes tipos de negócios (físico, digital, voltado para produto ou serviço). Consiste em perguntar aos clientes: "Quão frustrado você ficaria se esse produto ou serviço deixasse de existir?". As alternativas para respostas são: (A) Muito frustrado, (B) Moderamente frustrado e (C) Nada frustrado. Para ele, quando se consegue chegar a pelo menos 40% de respostas "Muito frustrado", chega-se ao *Product Market Fit*. Por outro lado, se a pontuação for menor significa que o produto não está compatível com o mercado e que precisa ser revisto.[11]

<u>**Desse modo, é fundamental garantir que o produto já tenha um alto nível de *Product Market Fit* antes de investir grandes quantidades de recursos em marketing e vendas para montar a Máquina de Aquisição de Clientes.**</u> Se você ainda não fez essa tarefa, volte algumas casas e tente chegar lá antes de seguir os próximos passos. O trabalho não só ficará muito mais fácil e inteligente, como as chances de retrabalho serão menores, pois as técnicas de marketing e vendas dependem diretamente da estrutura e das características do produto e, se mudarem, demandarão alterações de técnicas de marketing e vendas também.

---

[11] SEAN Ellis Test: A Successful Method to Figure Out Product/Market Fit. **Pisano Academy**, 2021. Disponível em: https://www.pisano.com/blog/sean-ellis-test-figure-out-product-market-fit. Acesso em: 20 maio 2021.

MÁQUINA DE AQUISIÇÃO DE CLIENTES

FOQUE O LONGO PRAZO: OS CLIENTES IDEAIS (ICP)

Os objetivos da área de marketing mudaram muito com o tempo. Já houve um momento em que a grande meta foi gerar *awareness*, ou seja, tornar a marca conhecida, também já foi atrair contatos e fazer com que esses contatos tenham alto potencial de fechamento de negócio. Da mesma maneira que o papel de vendas já foi só "colocar o cliente para dentro", o que se busca agora é um cliente afinado com seu produto.

Hoje a estratégia vai um pouco além e não adianta só fechar a venda. A competição é imensa nos canais de aquisição, com várias opções de produtos concorrendo no mesmo nicho e tornando o mercado muito limitado. Outro ponto relevante é que as pessoas passaram a compartilham suas experiências nas redes sociais, que amplificam qualquer discurso. Somando esses dois aspectos, **é preciso ir além de tornar a marca conhecida. É necessário também trabalhar para capturar os clientes ideais, aqueles que reconhecem a importância do seu produto ou serviço e que se beneficiam verdadeiramente do que ele oferece**.

Quando atraímos o cliente ideal, aumentamos as chances de recorrência de compra (ou a retenção, caso venda uma assinatura, por exemplo), de geração de mídia espontânea e também crescem os números de indicações. É mais fácil aumentar a receita fazendo um bom cliente gastar mais e mais vezes dentro de suas ofertas e indicando o seu serviço para possíveis novos compradores do que sempre buscar mais pessoas que iniciarão o processo do zero. Se temos apenas pessoas novas o tempo inteiro e elas não se tornam clientes fiéis, temos um balde furado, o qual é enchido e esvazia na mesma proporção. O trabalho fica muito mais pesado e complicado de se manter.

Para fugir dessa armadilha, o marketing precisa trabalhar para atrair os consumidores mais qualificados. Começando o funil com a atração das pessoas certas e garantindo um bom processo de filtragem, todo o resto deve fluir mais facilmente. E como identificar esse melhor cliente para o produto ou o serviço que a empresa oferece? Por meio da clareza do ICP (*Ideal Customer Profile*, em português, perfil do cliente ideal), um direcionamento para definir qual é o consumidor que mais se beneficiaria do seu produto ou serviço. Chegar a esse perfil requer uma análise aprofundada do comportamento dos clientes de sua base atual a partir de critérios que façam sentido para o seu tipo de negócio e produto.

Basicamente, precisamos analisar os dados e padrões dos clientes mais satisfeitos. Entre aqueles que permanecem com a empresa por mais tempo, aqueles que mais gastam com produtos e serviços, mais recomendam etc. Quais são as características e os requisitos em comum e que os diferenciam dos clientes "ruins"? É essa a resposta de que precisamos. **O ICP tem a ver com requisitos para que uma oportunidade de compra seja bem-sucedida e proporcione uma ótima experiência a todos.**

Imagine que você trabalha no marketing de uma empresa de transporte metroviário. Tem gente que usa o serviço todos os dias e tem aqueles que utilizam apenas uma vez por mês. Uma possível diferença entre esses perfis é que a pessoa que usa todo dia mora distante do trabalho enquanto a pessoa que usa ocasionalmente não. Essa característica – morar longe do trabalho – ajudaria a compor os critérios de ICP.

Quando você encontra o ICP, consegue pensar em estratégias que conquistem os clientes que permanecerão satisfeitos e consumindo por um longo prazo, garantindo a sobrevivência e o crescimento do seu negócio.

PERSONAS: REPRESENTAÇÃO DO CLIENTE IDEAL

Depois de encontrar o seu ICP é hora de partir para a definição da sua persona: personagem fictício que representa esse cliente ideal. Aqui, aquelas características genéricas ganharão detalhes, como se o seu melhor cliente ganhasse vida e personalidade. **Ter essa clareza em relação ao seu cliente é importante para entender os problemas, enxergar os desafios e encontrar as oportunidades para se conectarem da melhor forma possível.** Esse momento é relevante para definir passos importantes para a empresa, como definir o tipo de mensagem que será usada para atrair essa pessoa, como direcionar a produção de conteúdo, a linguagem utilizada com o cliente, os canais que serão utilizados etc. É uma forma de transformar visões abstratas em figuras concretas, "dar um rosto".

MÁQUINA DE AQUISIÇÃO DE CLIENTES

Para construir a sua persona você precisa fazer entrevistas qualitativas com os clientes que se encaixam no seu ICP até que as principais respostas comecem a ficar repetitivas, até previsíveis, um sinal de que se chegou a um padrão. É comum que isso aconteça conversando com cerca de cinco a quinze clientes, mas o maior sinal de que temos o suficiente é chegar ao ponto em que não aprendemos muitas coisas novas fazendo as entrevistas. É um caminho investigativo, as perguntas devem direcionar respostas simples e fáceis de serem comparadas entre si. Alguns exemplos de perguntas que podem ser feitas:

- » Qual é a sua idade?
- » Qual é seu sexo?
- » Qual é o seu estado civil?
- » Como é a sua família?
- » Qual é sua rotina?
- » Onde mora?
- » Qual é sua classe social?
- » Qual é seu nível de escolaridade?
- » O que gosta de fazer nas horas vagas ou de lazer?
- » Onde busca por informações?
- » Com qual frequência busca por informações?
- » Quais páginas mais gosta e segue nas redes sociais?
- » Em qual segmento trabalha?
- » Quais são seus sonhos profissionais?
- » Quais são seus desafios atuais (o que te tira o sono)?
- » Qual é o porte da empresa em que trabalha?
- » Qual é seu cargo atual?

Com essas informações, sua persona ganha vida e vira, por exemplo, a Maria, mulher de 30 anos, casada e que mora na capital de São Paulo. Ela é nutricionista, tem um consultório próprio e gosta de praticar esportes com o marido e o filho de 5 anos. Costuma se atualizar na internet e lendo livros. Quando vai comprar algo, prefere sites porque poupa seu tempo e acredita que consegue pesquisar as melhores ofertas. Sonha em ter um consultório maior onde poderá oferecer mais serviços para seus pacientes.

ANTES DE COMPOR O FUNIL, UM POUCO DOS FUNDAMENTOS

<u>Perceba o quanto ter uma figura como a Maria torna muito mais fácil entender a linguagem, os temas e os locais que poderão ser usados para falar com ela.</u> Isso facilita muito o trabalho quando você contrata novos profissionais para o time ou mesmo uma agência. Eles já sabem, com clareza, com quem devem falar.

As perguntas que indiquei são um ponto de partida para encontrar a sua persona, mas não existe um manual do que precisa ser perguntado. Você pode adaptar as questões de acordo com as suas necessidades, avaliando se uma informação é pertinente ou não e se aquela pergunta faz sentido para o seu negócio.

 Para acessar uma aula extra sobre personas, basta apontar a câmera do seu celular para o QR Code ao lado. ou acessar o site https://www.andresiqueira.me/livro/complementos/personas ▶▶▶▶

JORNADA DE COMPRA: O CAMINHO DA VENDA

Um dos conceitos que anda lado a lado com descoberta da persona é a jornada de compra do cliente. Conscientemente ou não, o ato de comprar envolve alguns passos que são recorrentes entre os consumidores, é o que chamamos comumente de jornada de compra. <u>Identificar esse caminho fará com que você tenha pistas de como vender mais e para maior quantidade de pessoas.</u>

Na prática, a jornada de compra é investigar o passo a passo do comprador, tanto para entender o caminho percorrido durante uma compra quanto para explorar novas oportunidades e caminhos de vendas. Quando clientes dizem como ouviram falar sobre o tema (por meio de amigos, por exemplo), ou como perceberam determinada necessidade, ou até mesmo como descobriram uma solução para algum problema, temos pistas de etapas do processo de compras. Quanto mais conseguirmos coletar essas pistas e organizá-las de maneira clara, mais fácil será arquitetar todo o funil posteriormente.

MÁQUINA DE AQUISIÇÃO DE CLIENTES

Para entender um pouco melhor a jornada de compras do nosso cliente, é indicado ir além das perguntas sobre personas. Use as mesmas entrevistas da persona para também perguntar:

» Como você começou a pensar mais neste assunto/produto/serviço?
» O que despertou seu interesse?
» De que forma buscou aprender e saber mais? Como encontrou opções?
» Quem o ajudou nisso? Para quem você pediu opiniões?
» Quais critérios avaliou para chegar a uma decisão?
» O que mais gostou na empresa/produto/serviço que o deixou confortável?
» Alguma coisa o deixou desconfortável e com medo?
» Quanto já entende sobre o assunto que está sendo oferecido? O que entendia no momento da compra e o que precisou aprender para chegar a isso?

Ao fazer as perguntas, tentamos entender com mais clareza os caminhos pelos quais os nossos clientes geralmente passam antes de fazer a compra. Isso vai ajudar muito a determinar quais práticas usar no funil para adequar as estratégias a esse comportamento de compra.

Por exemplo, se a resposta indica que o consumidor começou a entender um tema ou se interessou por um produto quando alguns influenciadores falaram sobre o assunto, entendemos que o investimento nesse tipo de publicidade possa fazer sentido. Se entendemos que a opinião de amigos é algo muito presente, podemos criar um programa de indicações para que as pessoas que já consomem aquele produto também ganhem algo ao recomendar a um amigo.

É importante ressaltar, no entanto, que **dificilmente vai existir uma única jornada de compra para todos os clientes, com passos lineares em uma ordem super previsível. A vivência de cada pessoa vai fazer com que seus caminhos sejam sempre diferentes**. O que precisamos aqui é entender os pontos mais comuns e ter clareza sobre como lidar com cada um deles, para depois conseguir de fato aplicar esse conhecimento nas práticas do funil.

ANTES DE COMPOR O FUNIL, UM POUCO DOS FUNDAMENTOS

POSICIONAMENTO DE MARCA: O QUE FICA NA CABEÇA DO CLIENTE

Posicionamento de marca é o lugar que uma empresa quer ocupar na mente e no coração do seu público-alvo.[12] Ou seja, é ao que o cliente associa quando pensa em você. Quando pensamos na marca Havaianas, por exemplo, logo lembramos das originais, o que faz com que qualquer outro chinelo de plástico seja posicionado como imitação. Isso é o que fica marcado na mente das pessoas, portanto, é o posicionamento dessa marca. Geralmente, os posicionamentos têm a ver com ser o melhor, o mais rápido, o premium, o mais barato. É ser o primeiro a se colocar em uma posição única e de valor que faça sentido para o cliente.

Cada empresa se posiciona da maneira que quer ser reconhecida pelo seu público. Estamos falando sobre marcas que representam melhor determinados nichos, empresas que dão mais suporte, que são mais sustentáveis, oferecem melhores produtos ou inovações, consideradas mais saudáveis e por aí vai.

Esse, pelo menos, é o desejo de toda empresa, mas não é fácil chegar a esse ponto. Segundo Al Ries e Jack Trout, criadores desse conceito no livro *Posicionamento: a batalha por sua mente*,[13] isso acontece porque posicionamento não é apenas como a empresa quer ser reconhecida, mas algo que acontece na cabeça do cliente, ou seja, depende das percepções do consumidor.

Para conseguir o posicionamento que queremos é preciso um trabalho contínuo. Primeiro para descobrir onde de fato queremos estar, depois para comunicar esse posicionamento e só então conseguir fixá-lo na mente do consumidor. O trabalho começa dentro de casa: a empresa deve estudar a identidade da marca, as qualidades técnicas dos produtos e os valores subjetivos que estão implícitos ali. Em seguida, é preciso olhar para fora e captar o que os clientes dizem

----

12 FRANKENTHAL, R. 6 exemplos de posicionamento de marca bem-sucedidos. **Mindminers Blog**, 5 jun. 2018. Disponível em: https://mindminers.com/blog/exemplos-posicionamento-de-marca/. Acesso em: 20 maio de 2021.

13 RIES, A.; TROUT, J. **Posicionamento**: a batalha por sua mente. São Paulo: M.Books, 2009.

MÁQUINA DE AQUISIÇÃO DE CLIENTES

sobre a marca, sobre os produtos ou serviços. Também é necessária uma análise da concorrência para compreender o posicionamento dessas empresas em relação ao público e ao produto. Lembre-se de que é muito mais fácil ganhar mercado quando se é o primeiro a ocupar determinada posição.

Feito isso e descoberto como será o posicionamento adequado, é hora de comunicá-lo para seu público. Repita-o muitas e muitas vezes. O posicionamento que gruda na cabeça dos clientes é uma construção que demanda tempo e energia. Voltando ao exemplo das Havaianas, quantas vezes foi preciso repetir "as originais" até que entrasse na mente dos clientes? Tenho certeza de que faz algumas décadas que você ouve isso, é um trabalho de médio e longo prazo. E mais: é um trabalho que envolve todas as áreas da empresa. **De nada adianta se posicionar como o melhor suporte se o time de vendas não é gentil com os clientes. Também não adianta se apresentar de uma maneira que não seja verdadeira.** Se a empresa se apresenta como aquela que tem os menores valores, cumpra esse posicionamento. Se o concorrente apresenta melhores preços com frequência, seu trabalho estará sendo em vão. Não vale a pena perder tempo com esse tipo de atitude. Ocupar esse espaço na mente do consumidor é valioso e justifica o investimento.

LTV, MARGEM E CAC: NÚMEROS QUE PRECISAM SER CONHECIDOS

Aqui começamos a sopa de letrinhas que pode até parecer complicada, mas que é fundamental e de fácil entendimento quando é colocada em prática. São conceitos fundamentais para exercer um bom trabalho de aquisição de clientes. **É preciso entender quanto ganhamos com cada cliente e quanto podemos gastar na aquisição e manutenção de cada um deles.** Esses fatos fazem parte dos preceitos primários de alocação de investimentos em vendas e marketing, nos mostrando, na prática, quais canais podem ou não ser utilizados.

Lifetime Value (LTV)

É comumente traduzido como valor vitálicio ou valor de todo o tempo de vida do cliente comprando em determinada empresa. Na prática, representa quanto o cliente gasta durante toda a vida útil dele adquirindo os seus produtos. Se o seu negócio é de assinaturas, é possível estimar, em média, quanto o cliente paga por mês e quanto tempo em média ele se mantém como assinante para chegar ao LTV. Então, se ele paga 50 reais por mês e fica em média um ano na empresa, seu LTV será 600 reais (50 × 12). Em um restaurante, é possível calcular o LTV multiplicando o ticket médio de cada cliente e quantas vezes ele frequenta o local por determinado período. Pode ser por um ano, por exemplo. O cliente frequenta o restaurante três vezes por mês e a cada visita gasta 100 reais. Em um ano, serão 36 visitas. Multiplicado isso por 100 (ticket médio), chega-se ao LTV de 3.600 reais em um ano. Lembrando que LTV é, geralmente, uma média com dados estimados.

Fato que, para um negócio transacional,[14] como o exemplo do restaurante, é mais difícil calcular quantas vezes o cliente volta. Ainda assim, é preciso tentar algum cálculo, mesmo que relativamente impreciso. Isso porque o investimento em marketing e vendas para trazer novos clientes depende do valor de retorno que eles geram, algo que acontece não só na primeira compra, mas na soma de todas as compras realizadas durante toda a vida útil dele como seu cliente. Por simplificação, é comum limitarmos a estimativa a um ou dois anos no máximo.

Margem

Quando o LTV é calculado e todos os custos que temos para conseguir entregar o produto finalizado são retirados, é possível descobrir a margem por cliente. Por exemplo, imagine um restaurante que atende mil pessoas por mês e que cada pessoa pague, em média, 50 reais por refeição, gerando uma receita de 50 mil reais no fim do mês. Para manter a estrutura da empresa, gasta-se 5 mil reais com aluguel e

---

14   Negócio transacional é aquele em que a venda é feita de maneira pontual, por transação. Não há uma mensalidade ou recorrência. É uma simples troca comercial. (N.E.)

contas fixas (água, luz, internet), 10 mil reais em ingredientes e outros 20 mil reais em salários da equipe, totalizando 35 mil reais.

Quando subtraímos a receita das despesas, o valor fica em 15 mil reais, que é a receita líquida. Para achar a margem por cliente, divida a receita líquida pelo valor total de clientes do mês. Nesse exemplo, 15.000 ÷ 1.000, o que dá 15. Ou seja, a margem de lucro desse restaurante é de 15 reais por cliente.

Por que descobrir a margem é importante? Pois a partir dela será calculado quanto será gasto no Custo de Aquisição de Clientes, que veremos a seguir.

Custo de Aquisição de Clientes (CAC)

Esse indicador tem absolutamente tudo que é investido em marketing e vendas para colocar um cliente para dentro. Imagine que esse restaurante que falamos anteriormente tenha um funcionário tocando o marketing com o salário de 5 mil reais, pague uma ferramenta de marketing digital como a da RD Station no valor de 600 reais por mês e invista mensalmente 4.400 reais em anúncios. Estamos falando, então, de 10 mil reais no valor total ou, quando dividimos pela quantidade total de clientes (mil), 10 reais investidos para cada novo comprador. Considerando que a margem é 15 reais e que se está usando 10 reais para aquisição, sobram 5 reais de lucro para nosso restaurante fictício. Percebe a importância de avaliar todas essas pontas?

Em nosso exemplo, contudo, simplifiquei bastante a conta para que você pudesse entender. Quando calculei a receita, usei apenas o valor da primeira compra, e não quantas vezes esse comprador voltou a comprar da mesma empresa – o LTV. Se fosse considerado isso, a margem provavelmente aumentaria e, consequentemente, permitiria investir muito mais em marketing e divulgação para potencializar os resultados. Nesse caso, seria possível até mesmo investir em ações que antes eram impossíveis, como novas contratações ou novos canais de divulgação.

Nesse ponto, volto a falar na importância da definição assertiva do *Product Market Fit*. Se o cliente realmente gosta do produto e vê valor nele, fica mais tempo consumindo, compra mais vezes, indica para mais pessoas e aumenta os resultados da marca. Temos, então, um LTV maior,

ANTES DE COMPOR O FUNIL, UM POUCO DOS FUNDAMENTOS

que permite investir ainda mais no CAC, com a realização de campanhas e ações mais relevantes que se sobressaem em relação à concorrência.

LEI GERAL DE PROTEÇÃO DE DADOS (LGPD)

O último aspecto que iremos abordar no capítulo diz respeito a garantir que tudo seja feito dentro dos limites da lei. É claro que estamos falando principalmente de ética profissional, mas funciona também como uma proteção para a empresa. Embora sejam temas óbvios e estejam subentendidos em um acordo que temos como sociedade, a lei tem componentes novos que devem ser avaliados, por isso é importante explorarmos melhor a Lei Geral de Proteção de Dados (LGPD).

Com a quantidade de informações disponível on-line, ficou evidente a necessidade de gerarmos proteção aos cidadãos que precisam disponibilizá-las ou tem acesso a elas. A Europa foi pioneira no tema com a *General Data Protection Regulation* (GDPR), o regulamento de proteção de dados e identidade dos cidadãos da União Europeia, que entrou em vigor em 2018[15] e que serviu como base e inspiração para a implementação dessas regras em diversos países, incluindo o Brasil. Em nossa versão da lei de proteção, temos diretrizes bem definidas para coleta, armazenamento, tratamento e compartilhamento de dados pessoais, e essa regulamentação pode afetar muitas das práticas de marketing e vendas. A ideia aqui não é detalhar a lei, pois isso poderia render alguns volumes inteiros, mas chamar a atenção para dois princípios que serão fundamentais para nortear as estratégias que você irá desenvolver daqui para frente:

Consentimento

É necessário o consentimento do usuário para realizar qualquer ação de marketing. Pode parecer óbvio para muitas pessoas, entretanto,

---

15 SOUZA, R. de. Mas, afinal, o que é a lei GDPR e como ela afeta os brasileiros?. **Canaltech**, 25 maio 2018. Disponível em: https://canaltech.com.br/legislacao/mas-afinal-o-que-e-a-lei-gdpr-e-como-ela-afeta-os-brasileiros-114370/. Acesso: em 22 maio de 2021.

quando falamos de marketing, nem sempre se parte do mesmo conceito e premissa. Veja dois exemplos de dúvidas comuns:

É necessária permissão para enviar e-mail marketing?

Resposta: Sim! Essa autorização precisa ter sido feita explicitamente pelo usuário.

E a coleta de *cookies* (aqueles dados que são capturados quando alguém acessa um site ou preenche um formulário e que ficam guardados e disponíveis na internet), precisa de autorização para serem utilizados também?

Resposta: Com certeza!

Apesar da prática da autorização já ser indicada há muito tempo para essa e outras áreas da vida – é sempre preciso ter autorização formal de alguém para realizar qualquer ação com suas informações –, diversos profissionais ignoravam esse comando, e por isso, para nós, que podemos ser, sim, propagadores de conteúdo, mas que também somos usuários, a proposta é: chega de *spam*, de comprar listas, de fazer abordagens não desejadas a quem nunca teve interesse em falar com você e com a sua empresa. Já era algo que prejudicava a reputação da marca e não tinha retorno efetivo, mas agora passa a ser uma prática passível de punições e multas.

Transparência

É sempre mostrar ao usuário exatamente quais dados você está coletando dele e oferecendo o direito de ele alterar ou excluir essas informações. Isso é muito importante nas ações que você vai fazer na internet. Se estiver com dúvidas ou sentir que está cruzando uma linha nebulosa em relação à proteção de dados, minha sugestão é que você procure um especialista na área para obter mais informações e garantir que está legalmente assegurado.

Com esses conceitos que aprendeu neste capítulo, tenho certeza que agora você está mais preparado para fazer uma verdadeira imersão nas práticas de marketing que podem ser usadas na sua Máquina de Aquisição de Clientes. No próximo capítulo vamos analisar vários cases que servirão de inspiração para a sua empresa. Prepare-se para mais aprendizados.

Dominar os fundamentos

é um dos pontos mais menosprezados no mundo do marketing, especialmente no digital. Uma **boa base** torna todo o resto do **trabalho mais fácil e mais assertivo**.

@andregcsiqueira

MÁQUINA DE AQUISIÇÃO DE CLIENTES

capítulo 5: práticas de marketing para compor os passos iniciais do funil

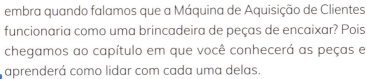

embra quando falamos que a Máquina de Aquisição de Clientes funcionaria como uma brincadeira de peças de encaixar? Pois chegamos ao capítulo em que você conhecerá as peças e aprenderá como lidar com cada uma delas.

Falarei sobre vinte práticas – ou canais, como também são chamados – do marketing digital, cada uma com suas especificidades e com um momento propício para serem usadas. Com essas práticas você começa a trabalhar o funil. **É hora de atrair, converter e relacionar.** Eu as escolhi porque as vejo como práticas relativamente simples e de potencial alto que, ao mesmo tempo, ainda causam muitas dúvidas. As pessoas já ouviram falar sobre o assunto e sabem que funciona, mas não entendem o contexto geral de como essas ações se encaixam em uma estratégia de aquisição, e acabam não sabendo como colocá-las em prática.

É preciso usar as vinte ao mesmo tempo? Claro que não. Primeiramente é preciso entender como cada uma funciona e como se encaixaria na sua Máquina de Aquisição de Clientes. O que proponho é que você faça um exercício: enquanto lê cada uma, vá pensando ou marcando como determinada estratégia funcionaria no seu negócio. No fim, você conseguirá entender a contribuição de cada uma delas para o negócio e quais poderiam ser usadas agora mesmo. Pode ser que no momento seja mais eficaz investir em marketing de conteúdo e planejar ações com influenciadores para representar sua empresa. Ou talvez seja o momento

MÁQUINA DE AQUISIÇÃO DE CLIENTES

de e-mail marketing, compra de mídia on-line e enviar notificações *push*. Enfim, há infinitas combinações entre as práticas que irei ensinar.

Lembre-se de que a Máquina de Aquisição de Clientes são os blocos. A forma final da sua peça principal caberá a você decidir. Então, vamos lá:

1. MARKETING DE CONTEÚDO

Oferecer um conteúdo de qualidade ao consumidor é o coração de uma boa estratégia digital, dado que além de gerar resultados apenas com a publicação, o material é muito utilizado também como matéria-prima para diversos canais da própria empresa, como redes sociais, e-mail marketing, entre outros.

Com o crescimento da internet e o fim do monopólio de canais de mídia tradicionais na construção de audiência, o público ganhou mais opções de conteúdo, fazendo com que eles se tornem os detentores do controle do que querem consumir, quando e onde. Ciente desse comportamento, o marketing criou um caminho para continuar atraindo a atenção dos consumidores e levá-los até a compra do produto. Em vez de criar interrupções com mensagens comerciais, a melhor alternativa foi produzir conteúdo capaz de levar conhecimento, informação ou entretenimento ao cliente. Devemos entregar algo que, por conta própria, incite a vontade de se aproximar da empresa. Uma estratégia é pensar em conteúdos tão bons que, se não fossem valiosos como ferramenta de marketing, poderíamos até cobrar para serem veiculados, como os materiais que são distribuídos a partir de assinaturas de portais, revistas, televisão a cabo ou mesmo cursos e treinamentos.

Uma das vantagens de oferecer conteúdo é que ele pode ser produzido em diferentes formatos – textos (como é comumente conhecido), infográficos, vídeos, imagens, áudios (podcasts), *quizzes* e até mesmo paródias – e distribuído em diferentes canais – blogs, redes sociais, plataformas de áudio ou de streaming e impressos, como revistas, encartes e folhetos.

Além disso, como o conteúdo é algo que pode ser guardado em um blog ou site, ou pode ser enviado por e-mail para um potencial cliente e até mesmo buscado no Google, temos então um **ativo**. Esse é o maior

PRÁTICAS DE MARKETING PARA COMPOR OS PASSOS INICIAIS DO FUNIL

atrativo do marketing de conteúdo. É uma construção diária, é claro, mas com disciplina é possível construir uma boa base para que essa estratégia se complemente às demais que veremos ao longo do livro. Se pensarmos no funil, o marketing de conteúdo pode ser usado em diferentes momentos – para atrair contatos, engajar anúncios, fazer relacionamentos, potencializar vendas – tudo depende da sua estratégia de marketing e como combiná-lo com outras práticas que veremos ao longo deste capítulo.

Faz ou não sentido?

Conteúdo é algo recomendado a todos. Entretanto, há um caso em que essa estratégia pode não fazer muito sentido: quando o foco é 100% no curto prazo. **Construir audiência dá muito retorno, mas demanda tempo e visão a longo prazo.** É um trabalho de formiguinha, que vai precisar de muita consistência e muita disciplina.

Também é preciso ainda levar em conta outro ponto: o equilíbrio entre quanto investir e quanto será colhido. Imagine, por exemplo, um pequeno restaurante de bairro que comece a produzir conteúdo de alta qualidade para suas redes. É muito provável que o conteúdo atinja pessoas do país todo, que não necessariamente estão na cidade de origem do restaurante e, por esse motivo, não poderão consumir os produtos oferecidos. Além disso, caso ele se torne um enorme sucesso nas redondezas, não conseguirá atender toda a demanda, pois existe uma capacidade máxima de pessoas que o local comporta. Nesse caso, em vez de produzir um conteúdo de alta qualidade e em alto volume, o melhor é optar por um conteúdo mais simples, focado em parcerias locais e anúncios direcionados a determinada região nas redes sociais. Eventualmente, ele pode até manter um blog com algumas receitas e dicas, mas o esforço de marketing estará em atender uma parcela limitada de consumidores.

De maneira oposta, uma empresa de software que quer virar referência nacional e ter milhares de clientes não pode achar que um conteúdo simples funcionará para esse objetivo. Ela precisa investir mais para se tornar referência e expandir cada vez mais para atingir um público muito maior do que o restaurante do exemplo anterior.

Na elaboração do conteúdo, portanto, precisamos entender quanto queremos colher para investir proporcionalmente ao nosso objetivo. A mesma premissa vale para aqueles que não têm capacidade de produzir

MÁQUINA DE AQUISIÇÃO DE CLIENTES

um conteúdo bem-feito e por muito tempo. Se você não conseguir manter a recorrência de postagens, adianto que, talvez, este canal não seja para você.

Outro ponto a se prestar atenção é quando o processo de compra de um produto é muito simples, como a compra de um pacote de arroz, de um caderno ou de um refrigerante. As pessoas chegam na loja, compram e vão embora. Produzir um conteúdo informativo, falando, por exemplo, como é o processo de fabricação de um caderno ou sobre os diferentes tipos de arroz não vai chamar a atenção do consumidor. Seu esforço e investimento provavelmente serão em vão. **A alternativa é usar o marketing de conteúdo para criar uma relação emocional que vai além do produto em si.** A Coca-Cola, por exemplo, não pode produzir conteúdo falando sobre possíveis benefícios de se tomar refrigerante, mas pode criar uma conexão emocional compartilhando a felicidade de quem o consome. Assim, o seu conteúdo terá outro foco e que não será medido com um olhar de performance no funil, mas vai continuar servindo para atrair consumidores e permitir que a marca se relacione com o cliente.

Dicas na criação de marketing de conteúdo

Para não cair em erros comuns na hora de produzir marketing de conteúdo, é preciso estar atento às boas práticas e cuidados importantes que o diferenciarão no mercado. A seguir, você encontrará algumas dicas essenciais para colocar em prática.

FOCO EM AJUDAR

O ponto de partida da produção de conteúdo são os problemas, as dificuldades e o interesse do cliente. É por esse motivo que você dificilmente encontrará algum material sobre marketing de conteúdo que não considere fundamental para a persona de cada negócio. No capítulo anterior falamos sobre a importância de definir a sua persona. Sem você saber com quem está falando e sem conhecer um pouco sobre esse cliente, não produzirá um conteúdo que a atraia. Um dos maiores erros que uma empresa pode cometer é falar apenas o que quer em vez de o que o cliente quer ouvir. Por exemplo, se a sua persona é a Maria, que é nutricionista, mora em São Paulo, pratica esportes, é casada, tem um filho pequeno e sente falta de mais contato com a natureza, você vai criar conteúdos que tenham a ver com a personalidade e os interesses dela. Claro que tudo depende do produto que você está vendendo, mas você pode criar um roteiro de viagens rápidas para curtir a natureza e fugir do centro urbano ou um guia de brincadeiras com crianças em espaços ao ar livre.

Não é hora de vender ou de falar de si, mas de ajudar o outro a resolver algum problema. E você só vai conseguir saber como criar esse conteúdo conhecendo a sua persona.

CONSISTÊNCIA

Sempre haverá um ou outro conteúdo que você publicará, seja no site, nas redes sociais ou em um blog, que fará mais sucesso que o outro e responderá por uma fatia maior dos resultados. O problema é que quando as marcas se deparam com o post que rendeu mais curtidas ou o texto no blog com mais visitantes existe a tendência de procurarem uma receita milagrosa para criar só esse tipo de conteúdo. Mas eu preciso confessar que não existe receita pronta.

Claro que existem técnicas que ajudam, claro que entregar conteúdos focados nos problemas e nas necessidades da sua persona facilita o caminho, mas o sucesso é algo imprevisível. Por isso, a melhor maneira de tentar alcançá-lo é produzindo conteúdo com frequência e consistência. Isso garantirá que você aprenda com a resposta que o público dá para cada conteúdo e que se aprimore com o passar do tempo. A frequência – entre outros pontos essenciais do marketing de conteúdo –, é responsável pela criação de rotina compartilhada com quem consome o que você oferece, e essa rotina é essencial para que as ideias se fixem na cabeça das pessoas, criando um relacionamento de admiração e confiança. Com consistência, temos espectadores que não apenas veem o que publicamos, mas verdadeiramente gostam, porque aí compartilham, indicam e funcionam como defensores da marca.

Acredite: é muito mais interessante garantir menos conteúdo, privilegiando a consistência durante muito tempo, do que se empolgar e trabalhar com um volume alto e não conseguir sustentar após um período, desanimando e parando de vez ao perceber que os resultados não foram incríveis.

ENTENDENDO FORMATOS

Uma dúvida muito comum a respeito de marketing de conteúdo é sobre quais formatos e estilos utilizar. Palestra em vídeo? Texto? Podcast? Ou ainda: conteúdos mais longos ou mais curtos? Mais sérios ou mais engraçados? É nesse momento em que é necessária uma intersecção entre o interesse do seu público e a personalidade da sua empresa.

A proposta é sempre escutar o que o cliente procura, mas combinar com as fortalezas e aptidões naturais de quem está produzindo o conteúdo. Não adianta gravar vídeos se não tiver carisma e boa fala, é melhor propor um texto para um blog, por exemplo. Não adianta tentar ser sério quando não há profundidade, assim como não adianta tentar ser engraçado quando não é um traço da personalidade.

É preciso entender a essência de seus pontos fortes combinando-os com o que o público procura para então adaptar o que será oferecido. Isso fará uma enorme diferença no impacto que você produzirá. As pessoas reconhecem o que é verdadeiro e espontâneo.

CONTEÚDO ALINHADO COM A JORNADA DE COMPRA

No capítulo anterior falamos sobre a jornada de compra e a importância em entendê-la para que a construção da estratégia de marketing e vendas tenha mais sucesso. Entretanto, essa jornada deve ser levada em consideração também quando for produzir conteúdo relevante para o público. **Quando conhecemos a etapa em que o cliente está, conseguimos oferecer conteúdos diferentes a fim de que estimulem a caminhada do contato até chegar ao momento da compra.**

E assim como você descobre a jornada de compra fazendo perguntas para o cliente, descobrir o conteúdo também pode partir desse princípio. Ao fazer as perguntas certas para o cliente, possivelmente receberá uma história completa do que o levou a comprar o produto e, a partir disso, terá algumas pistas de conteúdo que podem ser produzidos. Vamos a um exemplo.

Imagine que você está produzindo materiais para uma empresa que vende imóveis e, ao investigar o processo de compra de um

PRÁTICAS DE MARKETING PARA COMPOR OS PASSOS INICIAIS DO FUNIL

apartamento, você pergunte ao cliente quando surgiu a ideia de comprar um imóvel e receba a seguinte resposta: "Assisti a uma palestra sobre educação financeira há alguns anos e consegui fazer um bom planejamento, poupando dinheiro. Quando cheguei em determinada quantia, percebi que já era o suficiente para fazer investimentos relevantes e a ideia da compra do apartamento veio nessa época, pois sempre foi meu sonho. Comecei então a buscar informação sobre os bairros em ascensão com potencial de valorização, depois avaliei algumas opções. Quando gostei de uma, fui entender como eram os processos de negociação, os custos, as taxas e os impostos envolvidos, além de procurar saber quais eram as opções de pagamento e como funcionavam os financiamentos. Quando estava com todas as respostas, fechei a compra."

Em uma resposta de poucas linhas encontramos pelo menos seis boas ideias de conteúdo que podem ser produzidos. Você pode falar sobre como fazer um planejamento financeiro; como evitar ciladas na hora de comprar um imóvel; apresentar bairros em ascensão na cidade; calcular quanto precisa poupar por mês para comprar um apartamento; quais são os juros e as taxas cobrados na compra de um imóvel; quais são os tipos de financiamento de um imóvel. Todas essas sugestões estão alinhadas com as demandas do cliente.

Perceba que, às vezes, o ponto de partida do cliente não tem nada a ver com o que vendemos ou com o nosso produto, mas ainda assim é preciso buscar a motivação e trazê-la até a nossa área de atuação. Portanto, devemos começar no ponto de interesse do cliente. Não o nosso. Se falo apenas com clientes que já conhecem e estão procurando o produto, jogo fora a oportunidade de alcançar, fazer relacionamento e preparar para a compra um público muito maior. É por isso que, em cada etapa da jornada de compras, o conteúdo deve ter enfoques diferentes. Veja uma divisão para cada um dos momentos:

⚙ **Topo de Funil (ToFu):** conteúdos mais abrangentes, sem tom comercial, que buscam ganhar a atenção do visitante falando de coisas que ele tem interesse imediato. O papel do marketing é educá-lo oferecendo conteúdo sobre determinado assunto. Continuando o exemplo da empresa que vende imóveis, aqui ela poderia oferecer artigos, e-books ou infográficos sobre como fazer um planejamento financeiro;

- ⚙ **Meio do Funil (MoFu):** conteúdos que fazem o meio de campo entre o assunto mais abrangente e a solução/produto que a empresa oferece. É um tipo de conteúdo que faz o cliente perceber que tem um problema ou uma oportunidade desperdiçada e que deveria começar a avaliar a compra de um produto para resolvê-lo. É a oportunidade ideal para continuar nutrindo o seu contato e conduzi-lo até a compra. A empresa de imóveis poderia oferecer uma calculadora que mostre quanto de patrimônio pode estar sendo perdido com o pagamento de um aluguel, por exemplo;

- ⚙ **Fundo de Funil (BoFu):** conteúdos para quando o contato está quase pronto para ser abordado pelo time de vendas. O material deve ser relacionado diretamente ao produto ou serviço vendido, mostrar os diferenciais competitivos, reforçar a credibilidade com estudos de caso, dar o detalhamento descritivo da solução etc. Como conteúdo, a empresa de imóveis poderia falar sobre os diferenciais desses empreendimentos ou apresentar histórias felizes de famílias que compraram e não se arrependeram.

FUJA DO "BRANCO"

Um ponto muito comum entre as pessoas que começam a produzir conteúdo é o famoso "branco", ou seja, travar na hora de produzir conteúdo. A criatividade tem muita contribuição e pode, sim, fazer enorme diferença nos resultados, mas contar com uma inspiração divina para ter ideias é perigoso e arriscado, já que sua empresa vai depender disso para conseguir gerar vendas. Não dá para ficar um tempo sem conteúdo bom só porque a ideia não chega.

Por isso, o ideal é ter sempre algumas fontes de inspiração e ideias e, para essa tarefa, você pode contar com as dicas abaixo.

- ⚙ **Pesquisa de palavras-chave:** procure o tema que você quer trabalhar e veja o que as pessoas pesquisam no Google, quais são as dúvidas que tem de acordo com a solução oferecida pelo seu produto. Os conteúdos devem ser respostas às dúvidas. Ferramentas como o Planejador de

PRÁTICAS DE MARKETING PARA COMPOR OS PASSOS INICIAIS DO FUNIL

Palavras-Chave, do Google; a SEMrush e o Ubersuggest podem ajudar muito nessa tarefa;

- **Feedback da linha de frente:** procure receber insumos com opiniões, sugestões e até mesmo críticas de quem está na linha de frente, como vendedores e o pessoal de atendimento e suporte, pois são as pessoas que fazem parte do dia a dia da operação, estão o tempo todo ouvindo dúvidas, objeções, percebendo os pontos de vistas e trabalhando os argumentos que são mais bem aceitos pelos clientes. Esses insumos são ótimas fontes de melhoria e de criação conteúdo;

- *Newsjacking:* assuntos do momento são oportunidades de se apropriar de um tema em alta e criar uma relação com a sua linha editorial. Quando escrevi um artigo falando sobre as sete lições de marketing que o Brasil poderia aprender com a derrota por 7x1 para a Alemanha na Copa de 2014, estava usando o tema e a oportunidade do momento para divulgar meu conteúdo. O *Trending Topics* do Twitter e o Google Trends podem ser boas fontes para entender os assuntos mais discutidos do momento;

- *Benchmarking:* avaliar o que outros veículos de mídia, experts e concorrentes estão falando também pode iluminar e trazer ideias. Ver portais, sites, blogs e redes sociais da área funciona também;

- **Jornada de compra:** como mencionamos anteriormente, utilizar as respostas da jornada de compra traz diversas ideias de conteúdo, vale a pena reavaliar as respostas periodicamente;

- **Histórias de sucesso:** contar histórias de clientes bem-sucedidos, mostrar como aproveitaram as oportunidades e superaram os desafios é um conteúdo que pode ser educativo, mas também é um material que passa credibilidade, confiança e pode acelerar a venda.

PRODUZ QUEM TEM ENTENDIMENTO PROFUNDO

A pessoa que irá produzir o conteúdo deve possuir expertise sobre o tema, conhecer com mais profundidade a dor do cliente e os caminhos existentes para ajudá-lo. Assim ela conseguirá criar conteúdos relevantes e de acordo com cada etapa do cliente na jornada de compras. Quando eu estava na RD, os problemas do cliente eram geralmente

MÁQUINA DE AQUISIÇÃO DE CLIENTES

relacionados a Marketing Digital, que é a minha especialidade, então eu mesmo conseguia produzir muito, mas nem sempre é assim.

Imagine, por exemplo, que você é dono de um pet shop. O cliente tem dúvidas como "quais são as raças de cachorro mais adequadas para um apartamento?", "como identificar se o gato está doente?" ou "como dar banho no pet?". Quem tem a melhor resposta possível para isso provavelmente não é o profissional do marketing, que em geral é o responsável pelo conteúdo. A melhor pessoa para trazer profundidade aqui é o veterinário. É ele quem tem vivência e experiência prática para contar o que vê, os detalhes que passam despercebidos para os leigos. E é essa profundidade que vai fazer o conteúdo ser diferente. Mas nem sempre esse profissional sabe produzir material com qualidade, nem sempre falam ou escrevem bem, por exemplo. Aí um profissional de conteúdo pode fazer o papel de extrair esses insights que vem do veterinário e transformar em algo com uma linguagem clara e atrativa para o público.

Um problema que costuma acontecer é quando o profissional cria o conteúdo fazendo uma pesquisa simples no Google, fazendo apenas um resumo do que leu. **Quando o profissional não tem experiência e vivências para acrescentar, o material acaba sendo mais do mesmo, não se destaca.** Esse é um erro que não deve ser cometido. Se o conteúdo produzido não tem nada a acrescentar para o cliente, é melhor que nem seja publicado.

SE PREOCUPE COM A DISTRIBUIÇÃO

Ao mesmo tempo em que o conteúdo é o coração de uma estratégia e alimenta vários canais, ele dificilmente sobrevive sozinho. É necessário que outros canais trabalhem em conjunto para que ele funcione. Só criar o conteúdo e deixar lá tende a ser insuficiente para que influencie na rotina de um usuário. É muito mais fácil criar um hábito quando ele se apoia em outro. Por exemplo: se temos usuários que olham o e-mail com frequência ou acessam muito as redes sociais é fundamental ter o conteúdo entregue nesses canais de maneira paga ou orgânica. Isso aumentará o engajamento e facilitará o acesso de mais pessoas ao conteúdo produzido.

Para cada canal há um tipo de conteúdo que se adapta melhor. Um conteúdo no Google, por exemplo, responde às dúvidas do usuário. Em redes sociais temos o despertar da curiosidade. Em e-mails devemos personalizar para entender bem os interesses e momentos da jornada do cliente. É preciso amarrar muito bem essas pontas e saber o porquê de cada coisa. Só criar um conteúdo achando que é legal e jogar lá no seu site é uma forma de desperdiçar tempo e dinheiro. É preciso ser mais estratégico do que isso se quiser ter retorno.

AVALIE O QUE É PRÓPRIO × DEPENDÊNCIA DOS CANAIS

O último ponto de atenção nas boas práticas de conteúdo é entender que, quando dependemos muito de um canal de distribuição, viramos reféns de regras, formatos e possíveis mudanças que ele propõe. Já vimos o Google, o Facebook e o Instagram mudarem o algoritmo várias vezes. Já vimos redes sociais crescendo e decaindo, como Orkut, Google Plus e Snapchat. É muito perigoso depender de um canal só.

Por esse motivo é interessante tentar distribuir e, principalmente, investir naqueles ativos que são próprios. Um site e um blog, por exemplo, vão ser seus para sempre e você pode dispor o conteúdo da maneira que achar melhor. Uma lista de contatos própria, com telefones e/ou e-mails, mesmo tendo algumas restrições para respeitar a LGPD (que falamos no Capítulo 4) também pode ser muito útil como ativo.

CASE DE MARKETING DE CONTEÚDO:
ENDEAVOR

Foi usando o marketing de conteúdo de maneira eficiente que a Endeavor,[16] organização global sem fins lucrativos que apoia o empreendedorismo de alto impacto, conseguiu dialogar diretamente com o empreendedor brasileiro. Aqui, seu principal objetivo não era encaminhar o usuário para uma compra, mas sim educá-lo a fim de que entendesse mais do processo de abrir e manter uma empresa no Brasil.

Instalada no Brasil em 2000, um momento em que pouco se falava sobre o assunto, a Endeavor foi a responsável por incluir a palavra

---

[16] Rodrigo Grecco, ex-gerente de marketing da Endeavor, em entrevista concedida ao autor.

empreendedorismo em alguns dicionários brasileiros.[17] Por aí já dá para entender o imenso trabalho que a organização precisou desenvolver ao longo dessas duas décadas. Nos primeiros anos, seu trabalho foi dedicado a fortalecer as bases da organização no Brasil articulando projetos e ações com grandes empreendedores, universidades, imprensa e outros setores que pudessem ajudar a promover a cultura empreendedora no país. Até que, em 2010, foi lançado o portal Endeavor para dialogar de forma mais direta com os empreendedores, além de se tornar uma das maiores fontes de informação confiável do setor. Assim, a estratégia era focar em aumentar as visitas no site e atrair mais pessoas que buscavam se tornar uma autoridade em empreendedorismo.

Alguns aspectos foram muitos importantes para conquistar um número grande de visitas. Primeiro foi dividir o conteúdo em três "editorias": inspiração, educação (com EAD e outros materiais) e diálogos. Essa divisão ajudou a equilibrar e alcançar diferentes objetivos – ensinar, inspirar e engajar. O segundo aspecto foi mapear os grandes desafios e obstáculos do empreendedor para usá-los como assunto para serem abordados no portal. O terceiro foi convidar a própria comunidade empreendedora formada para escrever os conteúdos. Como esses profissionais têm a vivência prática em seus setores, conseguiram desenvolver textos de qualidade e ainda trouxeram autoridade ao site. O quarto aspecto é que foi feito um bom trabalho de otimizar esse conteúdo para o Google (falaremos sobre essa prática no próximo tópico: SEO).

Em certo momento, a RD Station convidou a Endeavor para lançar um e-book em conjunto, o *Marketing digital para empreendedores*, e os contatos angariados por esse projeto seriam compartilhados entre as duas organizações, uma prática comumente conhecida como comarketing. Só esse material gerou mais de 100 mil contatos para as plataformas e, com o sucesso adquirido, a Endeavor percebeu que essa prática havia aberto portas importantes no mercado e investiu mais forte no formato. Trabalhando um volume grande de novos materiais em parceria tanto

---

17 ENDEAVOR 20 anos: como colocamos a palavra empreendedorismo no dicionário, com Paulo Veras. 2020. Vídeo (2min7s). Publicado pelo canal Endeavor Brasil. Disponível em: https://www.youtube.com/watch?v=nu5LkwqPKaU. Acesso em: 1 jun. 2021.

PRÁTICAS DE MARKETING PARA COMPOR OS PASSOS INICIAIS DO FUNIL

com a RD como com outras empresas, a organização conseguiu captar muitos contatos e construir mais relacionamentos.

Mas nem tudo foi fácil. Mesmo com todas essas estratégias, uma parcela da rede começou a apontar que sentia falta de profundidade no conteúdo para conseguir dar os próximos passos, dizendo que as publicações eram insuficientes para levar o tema à prática. Isso gerou uma profunda reflexão para entender quem realmente era o público e para quem deveria ser direcionado o conteúdo. A solução foi começar a montar trilhas, que são sequências de conteúdo sobre um mesmo assunto, em uma estrutura que permite aprofundamento e organização.

Para não se perder no caminho, a Endeavor também aplicou pesquisas de NPS (*Net Promoter Score*) sobre o conteúdo, adaptando e ajustando os materiais conforme os resultados obtidos. A cada trimestre, a organização também faz uma análise profunda para verificar se tudo está caminhando como deveria, avaliando o que deu certo e o que precisa ser adaptado, e reforçando o cuidado para fazer conteúdos que ajudam o público.

Hoje, muitos frutos são colhidos e metas são ultrapassadas. Em 2014, a meta era chegar em 2018 com 7,5 milhões de visitantes no site. O resultado foi alcançado já em 2017!

Atualmente, o conteúdo da Endeavor influencia em aspectos ainda maiores no ecossistema empreendedor: já foi usado como base em leis e movimentos de apoio ao empreendedorismo, por exemplo; e cidades usam relatórios como o *Índice de cidades empreendedoras* para definir políticas públicas de empreendedorismo.[18] O que tinha tudo para ser uma organização de alcance limitado, hoje é uma grande referência nacional, graças a todo o trabalho desenvolvido pelas lideranças e também pelas estratégias de marketing de conteúdo adotadas nos últimos anos.

Exercício: Observe as minhas respostas a seguir e depois faça a sua própria versão.

----

18   OSÓRIO, C.; ARAGÓN, L.. Projeto Simplificar reformula processo de abertura de novas empresas. **GOVRS**, 28 set. 2015. Disponível em: https://estado.rs.gov.br/projeto-simplificar-reformula-processo-de-abertura-de-novas-empresas. Acesso em: 15 jun. 2021.

MÁQUINA DE AQUISIÇÃO DE CLIENTES

Se você fosse aplicar as práticas de marketing de conteúdo para sua empresa, quais delas usaria?

Opção 1 para usar marketing de conteúdo:
Com base em dúvidas dos clientes a respeito do meu mercado e minha área de atuação, vou criar conteúdos para o blog diariamente e otimizar esse material para ser encontrado no Google e compartilhado em redes sociais, além de também usar na minha estratégia de anúncios.

Objetivo principal da opção 1:
(**X**) Atrair ( ) Converter ( ) Relacionar ( ) Vender

Opção 2 para usar marketing de conteúdo:
Vou pegar alguns dos temas que mais bombarem no blog e mensalmente criar materiais mais profundos e completos (como e-books, webinars, templates...). Esses materiais serão oferecidos para quem preencher um formulário e me passar suas informações de contato. Serão divulgados por meio dos blog posts, em redes sociais e por e-mails.

Objetivo principal da opção 2:
( ) Atrair (**X**) Converter ( ) Relacionar ( ) Vender

EXERCÍCIO PRÁTICO

Se você fosse aplicar as práticas de marketing de conteúdo para sua empresa, quais delas usaria?

Opção 1 para usar marketing de conteúdo:
_____
_____
_____
_____

PRÁTICAS DE MARKETING PARA COMPOR OS PASSOS INICIAIS DO FUNIL

Objetivo principal da opção 1:
(   ) Atrair (   ) Converter (   ) Relacionar (   ) Vender

Opção 2 para usar marketing de conteúdo:

_____

_____

_____

_____

Objetivo principal da opção 2:
(   ) Atrair (   ) Converter (   ) Relacionar (   ) Vender

2. SEO

SEO (*Search Engine* Optimization ou Otimização para Ferramentas de Buscas, em português) são as técnicas utilizadas para melhorar a posição de aparição de determinado conteúdo nos resultados buscados por usuários na internet. Hoje em dia é natural, quando nos deparamos com uma dúvida ou precisamos de qualquer informação sobre determinado assunto, corrermos ao Google para fazer uma pesquisa. Esse hábito é uma oportunidade gigante para as marcas, já que muitas das dúvidas e dos interesses podem ter uma relação direta com um produto ou serviço.

Quando você olha uma página de resultados do Google, que chamamos de *Search Engine Results Page* (SERP), perceberá que os primeiros resultados estarão sinalizados com o "Anúncio" – que são aqueles resultados das empresas que pagaram para aparecer nessa posição –, e, logo abaixo, temos as páginas distribuídas gratuitamente. Já pensou que incrível se mensalmente uma grande quantidade de pessoas procurasse por determinado assunto, muitas vezes com alto potencial de compra, e encontrasse sua empresa nos primeiros resultados sem você pagar para anunciar? É para isso que servem as técnicas de SEO: aumentar as chances de sua empresa ocupar essa posição e, consequentemente, aumentar os seus resultados com marketing e vendas.

MÁQUINA DE AQUISIÇÃO DE CLIENTES

Mas para aprender essas técnicas, é preciso antes entender como funciona o Google. Para ordenar os resultados e definir as primeiras colocações, ele avalia uma série de fatores, sendo que os principais podem ser divididos em três pilares: autoridade, conteúdo e experiência. Dessa forma, o Google tenta entender se quem está escrevendo aborda de fato o assunto pesquisado, se é um profundo conhecedor do assunto e se entrega algo legal e interessante ao usuário.

Para medir a autoridade de domínio, é avaliado o quanto o site é indicado por outros. Isso é feito avaliando, resumidamente, a quantidade e a qualidade dos *backlinks*, citações externas para um site, ou seja, quando um site coloca um hiperlink direcionando para outro site, indicando seu conteúdo ou seu serviço.[19] Em outras palavras, o Google checa se há muitas pessoas citando o site ou uma página específica desse site e, a partir daí, consegue determinar se o conteúdo é valioso. Quanto mais pessoas estiverem citando aquele conteúdo, maiores são as chances de aparecer nas primeiras posições de busca.

Depois, o Google verifica se o conteúdo do site ou da página se relaciona com a palavra ou o termo que o usuário determinou quando fez a busca. Por fim, avalia a experiência do usuário: tentando entender se o site carrega rápido, se tem formatos de conteúdo que permitem uma leitura adequada, se usa tecnologias que permitem uma navegação melhor e se não tem links quebrados (que são aqueles links que resultam em páginas que não existem mais ou não foram encontradas).

Ao unir todos esses fatores, o robô do Google consegue identificar sites e páginas que melhor correspondem ao que o usuário precisa e faz uma espécie de ranqueamento. Os melhores classificados aparecem nas primeiras posições da busca, logo abaixo os anúncios pagos. E os piores vão ficando para trás.

Bom, agora que você entende como funciona o mecanismo de busca – isso será importante daqui para frente – vamos voltar ao SEO. Assim como o marketing de conteúdo, SEO é um jogo de médio e longo prazo. É uma construção feita aos poucos e, se o foco é em curto

---

19   O QUE são backlinks e como eles podem ajudar o SEO. **UOL**, 9 jun. 2020, Disponível em: https://meunegocio.uol.com.br/blog/o-que-sao-backlinks-e-como-eles-podem-ajudar-no-seo/. Acesso em: 28 maio 2021.

PRÁTICAS DE MARKETING PARA COMPOR OS PASSOS INICIAIS DO FUNIL

prazo, provavelmente não é o melhor investimento. Mas quando bem trabalhado, vale a pena. Afinal, as primeiras posições sempre são as mais acessadas e você não precisará pagar para aparecer lá.

Ao colocar a sua página no ar e cuidar de todas as pontas para que ela esteja entre os primeiros resultados de uma ferramenta de buscas, fazendo um bom trabalho de SEO, você está tentando chamar a atenção dos visitantes – é a primeira etapa do funil, atrair. É lá que eles podem conhecer a sua empresa e depois iniciar um relacionamento. Quando o produto é mais simples, essa etapa já pode gerar venda por meio de um e-commerce ou indicando o endereço de lojas físicas, por exemplo.

Quando o produto ou serviço é mais inovador ou trata-se de uma área que as pessoas ainda não conhecem muito bem, é preciso algumas adaptações para conseguir chegar ao cliente pelo SEO. Isso porque esse canal demanda que as pessoas busquem por algo, e elas não vão buscar aquilo que não sabem que existe, que não conhecem ou que não veem interesse. Quando começamos o trabalho na RD, por exemplo, quase nin-guém conhecia e buscava por termos relacionados a Inbound Marketing no Brasil. A solução foi pensar nos problemas e nas soluções alternativas que o usuário pesquisaria. Na época descobrimos que estavam em alta as buscas por "como vender mais na internet" ou "como fazer marketing no Facebook", foi aí que encontramos um caminho para relacionar a em-presa com a busca. Algumas vezes você precisará ir além do seu produto ou serviço para que ele apareça nas buscas, assim como fizemos na RD.

O último ponto é que tudo o que mencionamos anteriormente sobre marketing de conteúdo se aplica se há constância na produção de ma-teriais. Uma boa estratégia de SEO está diretamente relacionada à sua capacidade de fazer muito conteúdo e, consequentemente, conseguir trazer grande volume de tráfego ao site com o uso de palavras-chave. Você vai entender isso a seguir.

Boas práticas em SEO

CADASTRE-SE NO GOOGLE SEARCH CONSOLE

O Google Search Console é uma ferramenta gratuita do Google que permite conhecer um pouco melhor como o próprio Google analisa o seu site. Lá é possível ver relatórios de erros, títulos e descrições duplicadas, links recebidos, pesquisas em que seu site aparece como uma opção na página de resultados (incluindo o número de aparições e cliques para cada palavra-chave), entre muitas outras informações importantes. Com esses dados, você consegue avaliar o desempenho do seu site ou de uma página específica e fazer as correções necessárias para melhorar. Se você vê, por exemplo, que as pesquisas são comumente feitas por celular, é bom verificar se a página está adequada para uma boa navegação do usuário desse tipo de dispositivo e assim reter a audiência. Também é possível verificar se nos últimos noventa dias foi detectado algum erro no site que impediu o acesso dos usuários, e você deve corrigi-lo o mais rápido possível para evitar que tais problemas voltem a acontecer e atrapalhem seus resultados. Essas são algumas funcionalidades dessa ferramenta, sugiro que você se cadastre e a consulte regularmente. Ela é muito importante para quem leva o SEO a sério.

FAÇA UMA BOA PESQUISA DE PALAVRAS-CHAVE

As palavras-chave são os termos que os usuários usam para fazer as pesquisas na internet e são elas que o Google identifica para mostrar conteúdos que estejam de acordo com a busca. Assim, **a pesquisa dessas palavras funciona como uma bússola para o trabalho em marketing digital**. Deve-se identificar quais são as principais palavras-chaves que as pessoas usam para achar o conteúdo em determinado segmento de atuação e inseri-las nos posts ou textos para melhorar o posicionamento orgânico do site. Para essa escolha, devemos nos basear em três pontos principais: volume de pesquisas mensais (quantas vezes as palavras-chave foram buscadas no Google no último mês); dificuldade (quando um site de muita relevância já usa determinada palavra-chave, se você também as usar competirá diretamente com ele pelas primeiras posições, ou seja, é bem provável que sempre estará para trás) e o estágio da jornada. Vamos nos aprofundar um pouco mais nesse conceito.

Quando falamos sobre definir os estágios da jornada estamos nos referindo a entender o que trouxemos nos conceitos-base e distribuir

PRÁTICAS DE MARKETING PARA COMPOR OS PASSOS INICIAIS DO FUNIL

as palavras-chave para serem usadas em momentos mais adequados de todo o caminho do cliente até a compra. Por exemplo, se você criar um conteúdo apenas com palavras-chave relacionadas ao seu produto ou serviço, estará focando o fundo do funil. Nesse caso, seu objetivo é acelerar as vendas, mas perde o topo do funil onde estão as pessoas que você poderia atrair para comprar em outro momento, seus futuros clientes, e ainda desperdiça a chance de usar palavras-chave menos concorridas e, portanto, aparecer nas primeiras posições para elas. **Palavras de topo de funil são um plantio para colher mais tarde. Palavras de fundo de funil são formas de colher o que já amadureceu (junto com mais competição).**

Quando você está começando e sua autoridade de domínio é baixa, vale focar nessas palavras de baixo volume e baixa competição para começar a trazer gente – tráfego – para o seu site. Conforme for ganhando autoridade, aí sim você pode incorporar as palavras-chave de alto volume que são as mais concorridas. Como a sua autoridade estará alta, você terá mais força para entrar nessa competição e aparecer nas primeiras posições de busca.

E como fazer pesquisas para descobrir as palavras com menor ou maior volume e assim achar as melhores palavras-chave para o negócio? Existem ferramentas específicas para esse fim. Você pode usar a Ubersuggest, a SEMRush ou o Planejador de Palavras-Chave do próprio Google (que foi criado para facilitar a compra de anúncios, mas pode ajudar em SEO também), que já mencionei anteriormente.

Por mais que seja trabalhoso e leve tempo, essas pesquisas precisam ser feitas para uma escolha adequada de palavras-chave. Tenha em mente que se não for para aparecer na primeira página da busca do Google – ou trabalhar para chegar lá – seu trabalho perde o sentido. Entre os profissionais de marketing, há uma brincadeira muito comum que diz que um bom lugar para esconder um corpo é a segunda página do Google, afinal ninguém vai lá. Por isso, não faz diferença dizer que otimizou a página e saiu da 200ª para a 15ª posição, na prática o resultado vai continuar próximo de zero. É ir para as cabeças ou nada.

MÁQUINA DE AQUISIÇÃO DE CLIENTES

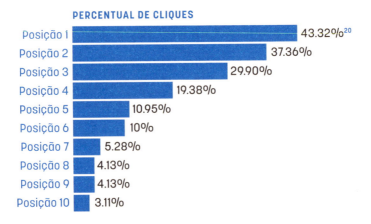

OTIMIZAÇÃO *ON-PAGE*

Entenda como otimização on-page todos os recursos que você usará na página e no site para que ele tenha os melhores resultados orgânicos no Google. O uso de palavras-chave adequadas e dentro do contexto é um deles, elas precisam aparecer em partes importantes como o título da página, descrição, imagens, cabeçalho e textos-âncora. Vamos entender como funcionam:

A. *PAGE TITLE*

O page title (ou título da página) é algo determinado no código do site e é a parte que melhor sinaliza para o Google o assunto abordado. É o page title que aparece na aba do navegador.

Muitas empresas "gastam" esse espaço tão importante com palavras que não significam nada e que não tem ligação com nada o que o usuário buscaria. "Página inicial", "Produtos" ou "Fale conosco" são exemplos de títulos ruins e genéricos, que não descrevem de maneira objetiva o conteúdo da página. O melhor é usar esse espaço com uma descrição do que há na página. Se está vendendo produtos de beleza, pode ser, por exemplo, "cuidados com a pele" em vez de apenas "produtos".

É importante ainda que o page title seja curto (até 63 caracteres) e humano (não deve ser apenas a palavra-chave jogada). Normalmente

---
20 LINCOLN, J. How does SERP ranking impact click-through rates?. **IGNITE RANKING**, 15 maio 2020. Disponível em: https://ignitevisibility.com/google-ctr-by-ranking-position/. Acesso em: 18 jun. 2021.

PRÁTICAS DE MARKETING PARA COMPOR OS PASSOS INICIAIS DO FUNIL

é também o page title que aparece em destaque na SERP, então ele precisa ser fácil de ser entendido e atrativo.

Page Title

SEO para Landing Pages: dicas e exemplos de otimização!
https://resultadosdigitais.com.br/blog/seo-para-landing-pages/
27 de mar de 2017 - Conheça as melhores práticas de SEO para landing pages e otimize suas páginas para gerar mais Leads orgânicos!

Page Title na SERP

B. *META DESCRIPTION*

A *Meta Description* ou meta-descrição é aquele fragmento de texto com cerca de duas linhas que aparece na página de resultados. Apesar de não ter peso para o ranqueamento, ela é importante para convencer o usuário de que aquele conteúdo é realmente relevante e que vale a pena clicar para lê-lo. Aumenta sua taxa de cliques e, consequentemente, melhora a autoridade da página.

SEO para Landing Pages: dicas e exemplos de otimização!
https://resultadosdigitais.com.br/blog/seo-para-landing-pages/
27 de mar de 2017 - Conheça as melhores práticas de SEO para landing pages e otimize suas páginas para gerar mais Leads orgânicos!

Meta Description

Para cumprir esse papel, a meta-descrição precisa ser chamativa, interessante, causar no usuário o sentimento de que "é isso que eu estou procurando" e ser curta. O Google permite que tenha no máximo 160 caracteres.

A inserção da *Meta Description* é feita diretamente na configuração de cada página ou post. A maioria dos sistemas de gestão de conteúdo, porém, já apresenta essa opção em uma interface de edição ou por meio de um *plug-in* – como por exemplo o Yoast para Wordpress –, facilitando o trabalho do editor de conteúdo.

C. CABEÇALHOS (SUBTÍTULOS)

Em uma página é possível usar os chamados *headings*, que funcionam como cabeçalhos dos títulos e subtítulos presentes no seu texto e que ajudam o usuário a entender o que ele vai encontrar na leitura. É diferente do *page title* (que aparece só na aba do navegador): ele aparece de fato ao longo da página. Você pode ver um exemplo a seguir:

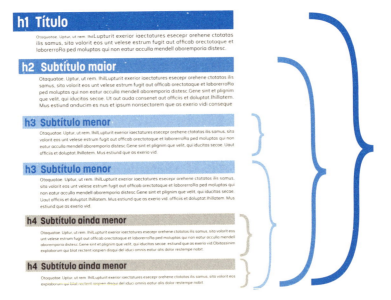

Assim como acontece no título, ter a palavra-chave em um cabeçalho tem um peso interessante, pois ajuda o Google a entender melhor do que a página trata.

D. TEXTO SIMPLES NO CORPO DO TEXTO

Ter a palavra-chave e seus sinônimos aparecendo algumas vezes no texto é mais um ponto que ajuda a fortalecer a relação do conteúdo com a busca do usuário. Tome cuidado, no entanto, para não exagerar e ficar forçado. É preciso uma linguagem atrativa e humana, ficar repetindo a palavra sem contexto não faz sentido.

E. IMAGENS

Todas as imagens presentes na página devem ter o nome de arquivo simples e diretos. Em vez de subir uma imagem com o nome

PRÁTICAS DE MARKETING PARA COMPOR OS PASSOS INICIAIS DO FUNIL

"DSC49310.png", escolha "pessoa no computador mandando e-mail. png". Isso ajuda o Google a identificar qual é o assunto e assimilar a imagem ao contexto. Também crie um texto alternativo (alt text) para quando a imagem não carregar, auxiliando os programas de leitura de tela e o Google a entenderem o que ela representa.

Embora não haja leitura e interpretação das imagens em si, há valor em ter a palavra-chave no título do arquivo e no texto alternativo. É um detalhe simples que costuma passar despercebido, mas ajuda a mostrar para o Google do que a página se trata.

F. TEXTOS-ÂNCORA (TEXTOS DE LINKS)

Texto âncora é aquela frase ou palavra que tem um link e aparece em letras azuis e/ou sublinhadas onde foi inserido. Além de o link facilitar a navegação do usuário e mostrar para a ferramenta de busca que a página tem recomendações externas, o texto usado auxilia na compreensão do conteúdo pelos mecanismos de busca, que entendem o tema da página indicada e aumentam as chances de indicá-la quando usuários pesquisam por aquilo.

Porém, para que seja realmente efetivo existem algumas regrinhas. Um link com o texto âncora "clique aqui" não passa um sinal tão claro do que se trata. Mas se for usado, por exemplo "Blog de Marketing Digital", fica mais fácil o Google entender que o link vai para um blog que fala sobre marketing digital (e que se alguém pesquisar "blog de marketing digital" no Google, esse pode ser um bom resultado). Também sempre vale alternar, usando sinônimos ou frases longas para que o link fique natural no conteúdo. Hoje as ferramentas de busca entendem melhor o contexto ao redor do link e podem ser bastante assertivas nessa avaliação.

Conteúdo e SEO conectados

Quando o usuário insere uma palavra-chave na busca, o que ele espera é encontrar a solução para algum problema. Este é o papel do conteúdo. **Quando SEO e conteúdo estão conectados, aumentam as chances da página ou do site ficar bem posicionado para uma série de palavras-chave e também aumentam as chances de o link ser indicado por outros sites ou mencionados pelos usuários.** Com isso, o Google entende que o site tem relevância. Portanto, conteúdo é uma ótima alternativa para crescer e ganhar autoridade. Em vez de sair implorando por links ou criando esquemas que o Google não gosta (e proíbe, como combinar troca de links ou pagar para que outros sites citem a página), dê munição e motivo para falarem de você, criando um conteúdo de qualidade que naturalmente se espalha.

Ofereça uma boa experiência no site

Não adianta criar um conteúdo que solucione o problema do usuário, trabalhar para ganhar autoridade, aparecer bem posicionado na busca, e o seu site não oferecer uma boa experiência para quem o acessa. Isso também faz diferença para o Google.

Ter um site que carrega rápido, livre de conteúdo duplicado ou repetido, com fácil navegação, boa visualização em diferentes dispositivos (celular, computador, tablet) e que garante a segurança do usuário com política de privacidade e certificado de segurança, é fundamental. Além disso, tome cuidado com textos apresentados no formato de imagem (em vez de HTML) e com tecnologias que o Google não consegue ler e interpretar o conteúdo (como alguns formatos em linguagem JavaScript). Isso vai atrapalhar a busca e o seu trabalho não vai ter o retorno esperado.

Reotimização

Colocar um site ou uma página no ar requer monitoramento e ajustes constantes para garantir que a otimização aconteça. De tempos em tempos é interessante verificar conteúdos antigos e checar se eles precisam de revisão.

Além disso, talvez você comece a perceber pelos relatórios do Google Search Console que uma ou outra palavra-chave que nem estava no radar está trazendo tráfego para uma página que ainda não está otimizada para ela. Ajustá-la pode fazer a página subir posições importantes e trazer ainda mais tráfego.

Com esse monitoramento você pode encontrar páginas que estão perto das primeiras posições, mas ainda não se garantiram na primeira. Vale a pena enriquecer esse conteúdo, seja aumentando o texto ou colocando mais recursos (como incorporar um vídeo ou um infográfico, por exemplo).

Sugiro que você tenha sempre uma data no calendário para fazer essa análise de oportunidades, revisar e aproveitar aquilo que já tem. Isso demanda muito menos investimento e traz muito mais resultados do que só criar conteúdos novos.

Não tente trapacear

Quando as pessoas começam a entender como o Google funciona, é natural que surjam ideias mirabolantes para tentar acelerar o processo e chegar rápido nas primeiras posições. No mundo de SEO, essas técnicas ganharam o nome de *Black Hat*.

Alguns dos exemplos comuns são criar esquemas de troca e compra de links, usar a palavra-chave em excesso para fortalecer a relação com o que usuário busca, entre outros. É verdade que essas estratégias já funcionaram por certo tempo, mas o ponto é que com os avanços que vivemos com a inteligência artificial e *machine learning*, fica cada vez mais fácil para o Google identificar quando um comportamento é espontâneo e quando não é.

Se ele identifica que as ações têm ido contra as diretrizes, pode punir o site e removê-lo das pesquisas. E você não quer entrar em uma corrida de gato e rato com o Google, certo? Pode acreditar em mim, não vale a pena. **Portanto, continue investindo em bom conteúdo, faça o uso correto das palavras-chave e deixe que o site chegue nas primeiras posições naturalmente. O esforço está concentrado em tornar tudo melhor para o usuário.**

SEO não é só Google

As otimizações que você aprendeu não servem apenas para o Google, funcionam também para outros buscadores, como o Bing. Além disso, essa mentalidade de SEO pode ser usada em outros canais em que aparecer nas primeiras posições da busca faz diferença, como um vídeo no YouTube ou um aplicativo nas lojas digitais. É preciso ter título e descrição que se relacionem com o que o usuário está buscando (equivalendo ao *on-page*), garantir volume de acessos e avaliações positivas, como o "joinha" no YouTube ou as notas boas na loja de aplicativos (equivalendo à autoridade), e entregar o que foi prometido, garantindo uma boa experiência.

Não se esqueça do Google Meu Negócio

O Google Meu Negócio é uma ferramenta oferecida gratuitamente e que ajuda as empresas a criarem aquela ficha com informações que aparece em destaque quando o negócio é pesquisado na plataforma, informando endereço, telefone clicável, site, horário de funcionamento, e-mail, produtos oferecidos e até fotos. A própria ferramenta sugere o que é mais indicado para a empresa a partir de informações que o Google encontra a respeito na internet. Também é por meio dessa ficha que o local aparece no Google Maps. Portanto, é importante fazer o cadastro e preencher todas as informações corretamente, assim como revisá-las de tempos em tempos para não deixar o cliente com dados desatualizados.

É possível e necessário ir muito além

SEO é um tema com vários detalhes e nuances que poderiam virar livros por si só. A ideia aqui é dar uma visão geral e mostrar algumas oportunidades, mas o que apresentei foi só a pontinha do iceberg. Ainda tem as AMPs (*Accelerated Mobile Page*, para otimização na velocidade de carregamento da página), os *Rich Snippets* (exibições gráficas diferentes na SERP, chamando a atenção e ganhando mais cliques), entre tantas outras. Não deixe de entrar a fundo caso entenda que é um bom canal para a sua empresa.

CASE DE SEO:
ROCK CONTENT - A PRIORIDADE É O SEO

Para que você entenda como o SEO funciona na prática, vou contar o caso da Rock Content, empresa que pode ser considerada a irmã mais nova da RD, já que surgiu pouco tempo depois e também é especializada em marketing digital. Desde o início, a prioridade para crescer foi o SEO e é por isso que mesmo sendo um pouco mais nova, sempre conseguia fazer uma boa disputa com a gente, ficando a frente com frequência em muitas palavras-chave relevantes.

Desde o início, a estratégia foi primeiro gerar tráfego organicamente com muita pesquisa de palavras-chave, criar conteúdos para

PRÁTICAS DE MARKETING PARA COMPOR OS PASSOS INICIAIS DO FUNIL

atender cada palavra e buscar por links em outros sites e parceiros. Depois foi usar mídia paga para bater a meta de contatos (que era de 100 mil por ano) e, alcançado o número, voltar ao orgânico. Foram necessários apenas dois anos para que a empresa colhesse os frutos dessa estratégia. O SEO tem um crescimento gradual, lento no início, mas no longo prazo é avassalador.

Nesse começo, a prioridade eram as palavras *long tail*, menos buscadas, mas também menos concorridas. Isso fazia com que rapidamente a empresa conseguisse aparecer nas primeiras posições. Havia uma planilha de outros blogs e sites que a Rock Content abordava proativamente para conseguir receber links. Só depois de um ano é que começou a atacar, com sucesso, as palavras-chave de maior volume. Algo que começou a acontecer (e que meu amigo Vitor Peçanha, cofundador da empresa, confessou que gostaria de ter feito antes),[21] foi uma distribuição maior do investimento entre conteúdos novos e atualização de conteúdos antigos. Hoje eles publicam duzentos artigos por mês e em três línguas, mas, na verdade, metade são atualizações, uma prática que vem dando muito certo para manter o tráfego qualificado. É mais valioso do que tentar angariar um novo tráfego duvidoso.

Outra prática que amadureceu foi a análise de intenção. De acordo com Peçanha, um dos erros do início foi fazer algo um pouco forçado: lançar um volume imenso de conteúdo, cada um focado em uma palavra exata tentando se encaixar milimetricamente no contexto, o que gerava um certo efeito *spam*. Hoje eles trabalham mais com análise de intenção: "O que um cliente está procurando quando digita determinada palavra-chave? Quais são os tópicos que preciso citar para cobrir essa intenção?". Assim, conseguem extrapolar melhor a visão de palavras derivadas e ter um conteúdo mais versátil e completo. Para isso, usam ferramentas de palavras-chave e palavras derivadas, como a SEMRush e também o Google Search Console, para avaliar as palavras de entrada no site e encontrar oportunidades que talvez não tivessem percebido. Essas práticas

---

21   Vitor Peçanha, cofundador da Rock Content, em entrevista concedida ao autor em março de 2021.

MÁQUINA DE AQUISIÇÃO DE CLIENTES

são o carro-chefe hoje e a estratégia original da operação do Brasil está sendo replicada nas versões espanhola e americana do blog.

Mais recentemente a Rock Content está descobrindo algo que nunca foi uma superprioridade, mas que gradualmente vem dando resultados: o SEO técnico, um conjunto de otimizações relacionadas à estrutura interna de um site. Assim, começaram a investir mais forte em velocidade da página, arquitetura do site e códigos.

Essas estratégias vêm dando resultados importantes. O tráfego total da empresa bateu 8 milhões de visitas em 2020, sem qualquer investimento em anúncios pagos para gerar esse crescimento. Historicamente, de 80 a 90% de toda a receita da empresa é atribuída ao orgânico do Google como origem.

O caso da Rock Content exemplifica a importância do uso correto de SEO. Nesse caso, essa foi a porta de entrada e continua sendo a principal fonte de aquisição da empresa. Um único post, otimizado e bem ranqueado para uma palavra importante, já gerou mais de 2,5 milhões de reais em contratos. Já pensou como sua empresa pode se beneficiar dessa prática?

EXERCÍCIO PRÁTICO
De que maneira você usaria o SEO em sua empresa?

Opção 1:

_____

_____

_____

_____

Objetivo principal:
( ) Atrair ( ) Converter ( ) Relacionar ( ) Vender

Opção 2:

_____

PRÁTICAS DE MARKETING PARA COMPOR OS PASSOS INICIAIS DO FUNIL

Objetivo principal:
( ) Atrair ( ) Converter ( ) Relacionar ( ) Vender

3. COMPRA DE MÍDIA ON-LINE (ANÚNCIOS)

É quase impossível navegar na internet sem se deparar com um anúncio. Pode ser um banner em um grande portal, um post patrocinado em uma rede social ou um vídeo antes do conteúdo que você realmente queria ver no YouTube. **O fato é que boa parte dos maiores e mais acessados sites do mundo tem os anúncios como principal fonte de renda.** Para você ter uma ideia, anúncios respondem por 83% da receita do Google.[22] É por isso que esse espaço vai sempre estar disponível nos veículos e sempre seremos impactados por eles.

Os anúncios on-line têm algumas vantagens interessantes quando comparados com os tradicionais: é possível indicar um link, medir melhor os resultados e entender mais facilmente o impacto; é possível também definir com precisão os orçamentos, permitindo inclusive entrar com custos muito pequenos e eventualmente escalar.

Quando falamos em publicidade on-line existem três pilares principais: canais, alvo e objetivos. Os canais são basicamente onde a gente pode usar a publicidade. Os mais comuns são:

⚙ **Ferramentas de busca:** falamos há pouco sobre SEO, as otimizações para ficar bem posicionado no Google gratuitamente. Mas é possível chegar nas primeiras posições por outro caminho: pagando. Você pode determinar algumas palavras-chave para as quais quer

---

22 IS GOOGLE advertising revenue 70%, 80% or 90% of Alphabet's Total Revenue? **Forbes**, 24 dez. 2019. Disponível em: https://www.forbes.com/sites/greatspeculations/2019/12/24/is-google-advertising-revenue-70-80-or-90-of-alphabets-total-revenue/?sh=300c6a024a01. Acesso em: 16 jun. 2021.

MÁQUINA DE AQUISIÇÃO DE CLIENTES

aparecer primeiro e entrar em um grande leilão por elas, pagando por clique recebido;

- ⚙ **Redes sociais:** praticamente todas as redes sociais oferecem oportunidades muito interessantes de anúncios. Facebook, Instagram e LinkedIn são provavelmente as mais consolidadas. O Facebook e o Instagram permitem fazer anúncios, posts e stories patrocinados, direcionando-os para uma audiência conforme critérios demográficos ou interesses (engajamento do usuário com o tema, por exemplo). O LinkedIn, além dos posts patrocinados, também oferece a possibilidade de enviar um InMail (mensagem direta) para um público segmentado por critérios demográficos, dados educacionais e profissionais (nível de senioridade, cargo, porte da empresa etc.);

- ⚙ *Display*: se você entrar em algum grande portal vai encontrar alguns banners com publicidade. Esse é o anúncio do tipo *display*. Embora seja possível tentar negociar diretamente com o veículo, a solução mais comum é comprar o espaço via Google Ads. Assim, o próprio Google entrega os anúncios aos sites parceiros que passam a exibi-los lá;

- ⚙ **Plataformas de vídeo e áudio:** o YouTube permite que você anuncie antes ou no meio de um vídeo. O Spotify permite o anúncio no começo de uma música. Ambos funcionam como uma alternativa extra ao anúncio principal;

- ⚙ **Native Ads (publicidade nativa):** quando alguns blogs ou portais de notícias exibem, no fim do texto, uma lista que parece ser de artigos relacionados, muito provavelmente o que está ali são alguns Native Ads, publicidade que aparece como um conteúdo recomendado, mas que não atrapalha a experiência do usuário. As plataformas mais conhecidas de Native Ads são Taboola e o Outbrain.

Esses são os canais mais utilizados, mas existem outros que também podem ser explorados de acordo com a estratégia adotada. Há anúncios para o Waze, plataformas de mídia programática (que acabam se assemelhando à rede de *display* em muitos aspectos) etc. O ponto é que sempre vai ter alguém querendo monetizar com publicidade, então as opções de anúncios serão sempre infinitas.

PRÁTICAS DE MARKETING PARA COMPOR OS PASSOS INICIAIS DO FUNIL

O segundo pilar da publicidade on-line é o alvo, ou seja, determinar para quem eu quero exibir o anúncio e como direcioná-lo. Há algumas formas de fazer isso:

- **Segmentação por interesse/demografia:** é quando determinamos a partir de aspectos como sexo, idade, localização ou assuntos que os usuários parecem ter demonstrado interesse;
- **Palavras-chave:** no caso da busca do Google, o anúncio é exibido de acordo com a palavra-chave que o usuário busca;
- **Audiência personalizada:** várias ferramentas de anúncios permitem que você suba uma lista de contatos que são identificados e que recebem anúncios direcionados;
- ***Retargeting:*** você já deve ter sido perseguido por um anúncio de passagem aérea depois de uma rápida pesquisa ou por um tênis que viu em um e-commerce. Isso é o *retargeting*: focar um anúncio em quem já interagiu e visitou a página;
- ***Lookalike:*** a partir de uma audiência – que pode ser personalizada ou *retargeting* –, as ferramentas buscam padrões de comportamento e então procuram exibir seu anúncio para um público semelhante.

Já o terceiro pilar é o objetivo do anúncio. Você precisa determinar quais são os seus objetivos focando nas etapas do funil de aquisição e, a partir daí, escolher anúncios diferentes para cada estágio (pode ser atração, relacionamento ou mesmo venda). Ao mapear a jornada de compras e descobrir o que o cliente precisa em cada passo da jornada, os anúncios ajudam a entregar isso a ele.

Vantagem ou desvantagem?

Anúncios têm uma grande vantagem, que acaba virando também um problema dependendo de como isso é visto pela empresa. Criar uma campanha on-line nova e colocá-la no ar é muito rápido, os resultados começam a vir literalmente do dia para a noite. Essa possibilidade de alavancar no curto prazo é muito tentadora e é aí que isso começa a virar uma dor de cabeça. Diversas empresas escolhem essa rota, mas acabam virando extremamente dependentes dessa prática e se tornam reféns de anúncios pagos.

MÁQUINA DE AQUISIÇÃO DE CLIENTES

O que acontece é que a maioria das plataformas opera em um sistema de leilão e, assim como do dia para a noite você pode gerar resultados, do dia para a noite podem entrar concorrentes e o preço para que seu anúncio apareça pode aumentar significativamente. Há alguns estudos indicando que a cada trimestre, os custos do Facebook Ads têm subido mais de 40%.[23] Diante disso, é um risco grande ter esse como o principal canal da sua estratégia, pois ele pode deixar de fazer sentido para a sua empresa a qualquer momento. E por último, ele pode não fazer sentido quando o ticket do seu produto é muito baixo e a concorrência é alta, pois acaba gerando um custo alto na aquisição.

Outro risco dos anúncios on-line é que é muito fácil queimar dinheiro. Dá para gastar muito e rápido e mesmo assim ter resultados nulos. Para evitar esse tipo de situação, alguns cuidados precisam ser tomados:

- ⚙ **Entender muito bem o objetivo de cada anúncio e trabalhar com as métricas certas:** o que queremos vai determinar a melhor forma de segmentar, que por sua vez vai determinar qual é o melhor canal e formato. Se o seu objetivo, por exemplo, é buscar usuários de fundo de funil, já comprando, as boas segmentações seriam pessoas que buscam pelo produto (segmentação por palavra-chave) ou pessoas que já visitaram a página do produto no seu site (segmentação por *retargeting*). Já no caso de apresentar uma nova ideia ou conceito, atraindo gente mais no início da jornada e nos primeiros passos do funil, muito provavelmente faça mais sentido fazer isso por características do público, já que ele ainda não visitou sua empresa ou pesquisaria pelo assunto;

- ⚙ **Testar muito:** mesmo os maiores especialistas não começam com campanhas com grandes orçamentos e resultados incríveis. O que eles fazem é testar muitas opções de anúncio, de canais, de segmentações para avaliar os primeiros resultados. Depois, cortam aquilo que não funcionou e investem pesado naquilo que é mais lucrativo;

- ⚙ **Acompanhar resultados de perto e otimizar constantemente:** é muito comum e normal uma campanha saturar. Aquilo que funcionava bem

---

23 TODE, C. Facebook Ads cost 43% more in Q4 as users spent less time on site. **Marketing Dive**, 1 fev. 2018. Disponível em: https://www.marketingdive.com/news/facebook-ads-cost-43-more-in-q4-as-users-spent-less-time-on-site/516113/. Acesso em: 16 jun. 2021.

de repente já não tem a mesma resposta do público e começa a despencar. É por isso que a gestão de anúncios demanda muito trabalho e muita operação. Quando satura, é preciso começar o processo todo de novo. Novos testes, novos ajustes e novas campanhas. Também se torna fundamental garantir que tudo está funcionando bem na mensuração e que você está colhendo todos os dados essenciais para conseguir fazer uma boa análise;

⚙ **Avalie sempre a experiência completa:** como já falei, as plataformas funcionam com base em leilão, mas não é um leilão simples, em que quem paga mais leva. Faz muita diferença a qualidade da experiência do usuário. A página para a qual ele é direcionado tem realmente uma relação próxima com o que foi anunciado e cumpre o prometido? Ela carrega rápido e as pessoas ficam lá ou batem e voltam porque não gostaram do que viram? Isso tudo ajuda não só a entregar uma experiência de marca e um volume de conversões maior, como também pode tornar mais barato o seu custo por clique, porque é algo que as plataformas de anúncios também valorizam.

Apesar desses riscos, para quem tem uma boa estratégia de conteúdo ou de outros canais orgânicos, os anúncios podem acelerar e trazer fôlego no curto prazo. Por isso, respondendo de maneira bem objetiva, minha visão é que os anúncios on-line fazem sentido quando a conta fecha, quando o LTV e o CAC se combinam gerando uma boa margem. Se isso acontecer, não há por que não investir, mas sempre com outra prática em paralelo. Isso vai fazer sentido com o case que analisarei na sequência.

CASE:
COMUNIDADE SOBRAL – A MÍDIA ON-LINE NO CENTRO

Há alguns anos ficou bem conhecido na internet o caso do Mairo Vergara, um professor de inglês que, usando as técnicas de marketing digital, faturou milhões de reais ao vender seus cursos on-line. Por trás dele, estava seu irmão, Pedro Sobral, criador da Comunidade Sobral de Tráfego.

MÁQUINA DE AQUISIÇÃO DE CLIENTES

O Pedro começou a trabalhar em 2015 apoiando o irmão em sua operação de compra de mídia.[24] E ele começou sem saber absolutamente nada sobre esse assunto. Seu caminho para o aprendizado foi um método um pouco óbvio, mas quase sempre ignorado pela maioria das pessoas: ler a Central de Ajuda das plataformas, uma espécie de manual de como usar cada uma para fazer o anúncio. Empresas como Google e Facebook sabem que quanto mais resultados os clientes conquistarem, mais vão investir, por isso o trabalho de educação nesses ambientes é reforçado. Depois que ele deu esses passos iniciais explorando os materiais que estão disponíveis a qualquer um, Sobral foi testando por conta própria as ferramentas.

Os resultados começaram a chegar. As vendas vinham aos montes e a estratégia de anúncios tinha grande responsabilidade nisso. A pergunta que passou a pairar então foi: "Será que a estratégia de anúncios que estamos usando é realmente muito boa ou isso só está acontecendo porque o produto é bom e a demanda é grande?". Era difícil ter referências e conseguir comparar os resultados. Nessa mesma época Sobral começou a fazer consultorias e ter acesso a contas de anúncios de outros profissionais e empresas para avaliar e trazer sugestões, e foi com isso que percebeu que mesmo pessoas conhecidas e com alto volume de vendas estavam muito atrasadas em relação ao que ele já vinha fazendo. Esse cenário abriu seus olhos e ele viu a chance de ensinar aos outros o que já fazia.

Começou pelo que considera mais importante: criar uma audiência. E a forma para atrair pessoas que se interessam pelo assunto foi oferecendo conteúdo (olha a importância do marketing de conteúdo!) com aulas ao vivo, todas as terças-feiras, sem exceção. Em paralelo, usou seus conhecimentos em anúncios para implementar a própria tática e conseguir resultados mais rápidos. Ao contrário do que alguns preconceitos sugerem, ele provou que a estratégia é saudável e não traz uma audiência ruim, basta que o conteúdo anunciado reforce o tema, fale a língua do público desejado e se adeque a expectativas.

---

24 Pedro Sobral, criador da Comunidade Sobral de Tráfego, em entrevista concedida ao autor em março de 2021.

PRÁTICAS DE MARKETING PARA COMPOR OS PASSOS INICIAIS DO FUNIL

Em seu arsenal, Pedro conta com diferentes tipos de anúncios para cada parte do funil. Um dos investimentos é feito para apresentar alguns conteúdos mais rápidos e sem barreiras, fazendo o papel de atração. Conteúdos como vídeos curtos ou imagens com alguma legenda educativa são usados com o objetivo de atrair e engajar, fazendo com que pessoas que ainda não o conhecem passem a acompanhá-lo. Outro tipo de anúncio é um convite para a aula ao vivo semanal. Ele traz uma mensagem que segue a linha "Quer fazer anúncios como esse? Se cadastre aqui para receber aulas ao vivo toda semana", levando a uma página com formulário para cadastro de e-mails. Assim, o papel de conversão também é realizado.

Em certo momento, Sobral analisou os dados de cadastros e viu que só um percentual baixo das pessoas que deixavam o contato assistia às aulas. Disso surgiu a ideia de outro tipo de anúncio, direcionado especificamente para quem já se cadastrou (etapa de manter o relacionamento), que é um lembrete das aulas. "Não esquece que tem aula terça", "é amanhã" e "só para lembrar que daqui a pouco estaremos ao vivo" são exemplos de mensagens exibidas quando a aula vai se aproximando. Com as pessoas sempre ocupadas e com muitas opções do que fazer, o reforço é importante para lembrá-las e garantir presença.

Há ainda os anúncios de venda, já que seu produto é a assinatura anual de uma comunidade que oferece acesso a um curso exclusivo, disponibiliza a gravação de todas as lives semanais (que são gratuitas quando vão ao ar, mas arquivadas e disponíveis só para membros da comunidade depois de uma semana) e permite trocas e interações com os outros profissionais que estão no campo de batalha fazendo compra de mídia também.

Para cada tipo de anúncio, existem objetivos diferentes de campanhas configurados na própria ferramenta de anúncios. Para a etapa de captação de e-mail, por exemplo, Pedro usa o objetivo de conversão, quando é lembrete de aulas, usa o objetivo de alcance (chegar a mais pessoas). Isso faz com que a ferramenta funcione melhor e ajude o objetivo a ser atingido.

Os canais também foram se complementando: no começo era só com Facebook Ads (o mais natural, já que as aulas inicialmente eram transmitidas pela plataforma). Depois da aula 10 percebeu que tecnicamente o YouTube tinha uma estrutura melhor e migrou para lá, usando anúncios da própria plataforma para começar a esquentar o canal. Foi aí que viu um primeiro pico de acessos e ficou bastante tempo contando com as duas opções (Facebook Ads e YouTube Ads) para garantir o crescimento.

Quando entendeu a necessidade de fazer os lembretes também resolveu usar as campanhas de *display* no Google. Elas não funcionam muito bem para gerar contatos, mas são incríveis para fortalecer a proximidade e estar presente a todo momento. Foi com essa sacada que começou a, com frequência, ter mais de mil pessoas assistindo suas aulas ao vivo.

Um último canal foi adicionado quando, ao fazer uma aula sobre como captar contatos com a rede de pesquisa, Sobral criou uma campanha para usar como exemplo, sem grandes expectativas. Ela, no entanto, virou a principal captadora de contatos. Os anúncios da rede de pesquisa são só em texto (sem imagem ou vídeo), ficando mais fáceis de gerenciar, fazer testes e ajustes, e as pessoas que chegam a partir delas são mais interessadas (afinal, estavam pesquisando ativamente pelo tema).

Claro que a trajetória não foi toda linear e com tudo dando certo o tempo todo. A campanha na rede de pesquisas é só um exemplo de algo que ele achava que funcionaria de um jeito e funcionou de outro, uma realidade frequente que vale tanto para sucessos quanto fracassos. Pedro entende que os erros são parte fundamental do processo e é justamente por isso que defende que toda campanha deve começar com orçamento pequeno, para aprender e só escalar quando tiver a confiança gerada por bons resultados. Algo muito baixo, como 5 ou 10 reais, por exemplo, já é o suficiente para iniciar os testes e era justamente quanto ele investia por dia no próprio processo.

Quando viu que o retorno era relevante, no entanto, foi aumentando e essa é a parte da mágica do bom investimento em anúncios: o orçamento acaba sendo "infinito". Se chegamos a um modelo em que o retorno sobre investimento é alto, não há por que não continuar investindo mais.

Ainda assim, as surpresas continuavam aparecendo. Quando Sobral percebeu que boa parte do público não fazia anúncios no

PRÁTICAS DE MARKETING PARA COMPOR OS PASSOS INICIAIS DO FUNIL

YouTube, por exemplo, resolveu fazer um evento de uma semana com aulas sobre o tema, investindo pesado nos anúncios e esperando vender muito. Acabou vendendo bem e se pagando, mas obteve muito menos volume do que o esperado. Houve, no entanto, outro efeito colateral: os anúncios em excesso acabaram fortalecendo a marca, tornando o rosto dele mais conhecido. Pela primeira vez, passou das 2 mil pessoas ao vivo em uma aula. Os resultados de *branding* não eram previstos, mas tornaram as vendas no médio e longo prazo muito mais fáceis. Um tempo depois ele repetiu as mesmas táticas com outros temas, mas já sabendo bem o que esperar.

Com a soma de todas essas práticas, o crescimento da empresa foi bastante acelerado. Em um ano foram 5 milhões de reais em faturamento, que pularam para 15 milhões no ano seguinte. A meta inicial, que era ter cinco mil membros na comunidade em dois anos, foi batida rapidamente. No momento em que escrevo este livro, já são mais de 15 mil e estão a caminho do novo objetivo: 30 mil membros, algo que parece ser só questão de tempo.

Apesar de esses resultados não existirem só pelos anúncios, eles são, sim, uma parte fundamental de uma história de crescimento tão acelerado e expressivo na história da Comunidade Sobral de Tráfego e na de tantas outras empresas.

EXERCÍCIO PRÁTICO
De que maneira você usaria a mídia on-line em sua empresa?

Opção 1:

_____

_____

_____

_____

Objetivo principal:
( ) Atrair ( ) Converter ( ) Relacionar ( ) Vender

MÁQUINA DE AQUISIÇÃO DE CLIENTES

> **Opção 2:**
> _____
> _____
> _____
> _____
>
> **Objetivo principal:**
> ( ) Atrair ( ) Converter ( ) Relacionar ( ) Vender

4. ANÚNCIOS OFF-LINE

Mesmo não vivendo seus tempos áureos, a televisão ainda é vista como um grande concentrador de audiência e importante canal de marketing. O rádio ainda funciona para quem precisa de apelo local, em especial em cidades com bastante trânsito e o mesmo vale para outdoors. Estamos falando aqui de canais que historicamente sempre foram muito fortes na publicidade e que não raramente representavam mais de 90% do orçamento de marketing das empresas. TV, rádio, impressos (revistas e jornais) e mídia out of home (mídia em espaços de grande circulação, como outdoors, telões) eram a base do mix da publicidade. Ainda hoje, mesmo com o crescimento da mídia on-line, eles continuam sendo a principal forma de operar de muitas empresas. Em alguns casos, os anúncios off-line ainda são boas estratégias de aquisição de clientes porque atingem muitas pessoas de uma vez e, como o foco é fortalecer a marca e o posicionamento, acabam sendo úteis para trabalhar com as diferentes etapas do funil.

Porém, é preciso considerar que a segmentação tende a ser mais imprecisa, já que não dá para prever quem exatamente vai ver o anúncio. O que temos são alguns indícios genéricos de acordo com o conteúdo (o tema do programa de televisão, rádio ou revista pode, por exemplo, atrair mais pessoas de um perfil do que de outro) ou com a localização (um outdoor pode estar em um local mais exclusivo ou mais popular, por exemplo).

PRÁTICAS DE MARKETING PARA COMPOR OS PASSOS INICIAIS DO FUNIL

Diante disso, eu considero que os anúncios off-line são uma boa aposta quando você tem um orçamento maior e consegue associá-lo com outras práticas de marketing. Se o seu orçamento é limitado, eu não recomendaria. A maioria dos meios de mídia exige um pacote mínimo de veiculação e os preços costumam ser elevados quando comparados a mídia on-line. Além disso, é mais difícil fazer pequenos testes, controlar e escalar, assim como medir com precisão os resultados para saber o nível de eficiência. Como os anúncios costumam ser curtos, também não costumam ser uma boa opção para negócios muito difíceis de explicar. São usados, em geral, para vendas mais simples e tradicionais, exceto quando o veículo de comunicação é muito segmentado (uma revista ou programa de televisão especializados na área, por exemplo) e atraia quem já tem interesse ou conhecimento no tema.

Boas práticas para os anúncios off-line **107**

TESTE ANTES NO DIGITAL

Quando uma campanha vai ao ar em uma mídia tradicional, é muito mais difícil conseguir corrigi-la após a publicação. Por isso, tudo deve estar impecável e funcionando bem. Uma das formas de tentar garantir que o conceito pegue, que as pessoas aprovem e que o resultado seja o esperado, é tentar testar antes em escala pequena em algum canal digital. Fica muito mais fácil avaliar a reação dos usuários e depois implementar em um canal mais "irreversível" e de grande alcance.

NÃO ACREDITE EM MÉTRICAS SEM SENTIDO

Os veículos de mídia vão tentar vender seus espaços para anúncios de qualquer maneira e, para convencer, usam métricas grandiosas como alcance da audiência (para televisão, rádio ou revista) ou circulação de carros (para um outdoor). Mas quantas dessas pessoas realmente prestam atenção na mensagem? Quantas delas se encaixam exatamente no perfil que você procura? Quantas são propensas a agir e virarem clientes de fato em algum momento?

Essas perguntas importam muito mais. Não é incomum um veículo que alcança 50 mil pessoas gerar resultados muito melhores do que um que alcança 1 milhão de pessoas, porque, apesar de ser menor, tem uma conexão mais profunda com seu público. Por isso, não se impressione com o número bruto e sim com como ele é composto. Entender a audiência da mídia em que você está colocando o anúncio ajuda a fazer um direcionamento mais adequado e evitar investir dinheiro em algo que não dará resultado.

ENTENDA BEM O CONTEXTO EM VOLTA DO ANÚNCIO

É comum ver campanhas sendo exibidas em contextos tão bizarros que chegam a ser engraçados. Anúncios de funerária ao lado de uma notícia de assassinato, por exemplo, podem pegar muito mal, assim como estampar seu anúncio de um modo que o contexto gere duplo sentido na interpretação do consumidor.

Invista tempo criando um anúncio que seja adequado a cada mídia que você escolher. Também vale se certificar com o veículo de comunicação o que vai estar ao redor no momento do anúncio. Se ele não se comprometer, o melhor é não arriscar.

DEIXE CAMINHOS CLAROS

O histórico do uso da publicidade off-line costuma ser focado em fortalecer a marca e o posicionamento, esperando que isso se reflita em vendas mais à frente. É importante potencializar esse objetivo ao deixar uma indicação de próximo passo que facilite a venda ou a construção do relacionamento com o cliente, como uma rede social para seguir, um material para baixar, um site para saber mais, um telefone para contato etc. É sempre interessante deixar um próximo passo claro para quem for impactado.

PROCURE UMA MANEIRA DE METRIFICAR

É sempre importante pensar, antes de colocar a campanha no ar, como medir os resultados dela. Se, por exemplo, você indica um telefone no anúncio, é interessante que seja um número exclusivo para essa campanha, assim saberá qual é a origem da ligação quando um consumidor entrar em contato. Se indica um site ou usa um QR Code, é interessante usar algum *hotsite* que redirecione o cliente ou um encurtador de URL para conseguir contar e credenciar os cliques.

PRÁTICAS DE MARKETING PARA COMPOR OS PASSOS INICIAIS DO FUNIL

Muitas vezes, a forma de metrificar é fazer com que o cliente fale sobre o assunto. Um exemplo é fazê-lo apresentar um cupom que ele recebeu na campanha. Se for pensado antes, fica muito mais fácil criar um mecanismo próprio para medir o impacto e o retorno de cada campanha.

CASE: MAXMILHAS PARTINDO PARA O RECONHECIMENTO NACIONAL

O trabalho feito pela MaxMilhas, startup de Belo Horizonte especializada em passagens aéreas e compra de milhas, exemplifica como uma campanha bem trabalhada com anúncios off-line pode dar ótimos resultados.

Apesar de obter resultados excelentes, a MaxMilhas[25] tinha seu público centrado nas pessoas que viajavam com frequência por motivos pessoais, como aquelas que mantêm relacionamentos à distância ou aquelas que estudam ou trabalham distantes da cidade natal. O objetivo era aumentar a base de clientes atingindo também o público em geral, especialmente aqueles que viajavam a lazer. Por conta disso, em 2016, e empresa fez uma expansão investindo em mídia on-line e anúncios em redes. Um ano depois, reforçou ainda mais esses investimentos, criando campanhas como o Dia Mundial das Milhas – data criada pela própria MaxMilhas e comemorada em 6 de janeiro – que se tornou seu maior dia de vendas, ultrapassando até a Black Friday. Também passou a investir em SEO.

A empresa já havia criado um novo segmento no mercado turístico, que era a venda de passagens emitidas por milhas, e o liderava. Mas os principais *players* de turismo, que também vendiam passagens aéreas, mesmo que em formatos mais tradicionais, investiam muito em anúncios, e ocupavam grande espaço na mente dos consumidores. Além disso, o modelo de negócio da MaxMilhas era muito inovador e pouco compreendido pela população. Eles

---

25 Tahiana D'Egmont, CMO da MaxMilhas, em entrevista concedida ao autor em 10 jan. 2021.

MÁQUINA DE AQUISIÇÃO DE CLIENTES

detectaram que as pessoas entendiam que a empresa só vendia passagens áreas para quem já tinha milhas, enquanto que a ideia é exatamente o contrário: apoiar quem não tem milhas, mas ainda assim quer viajar de maneira mais barata.

Daí surgiu a ideia de fazer mídia em televisão. No início, estudaram essa prática baseando-se na experiência de outras startups. Usar a experiência dos outros é sempre uma excelente opção: ajuda a encurtar alguns caminhos e evitar alguns erros. Em paralelo, buscaram uma agência que pudesse ser parceira e ajudasse a criar um plano de mídia. Também escolheram a Tatá Werneck como protagonista da companha pensando nos atributos da marca, que é inovadora, divertida e inteligente, assim como a atriz. Enquanto produziam o filme, que contou inclusive com o fechamento do aeroporto de Viracopos, em Campinas, para as filmagens, estudaram os canais e horários mais adequados com base em dados do IBOPE e do perfil do comprador de passagens aéreas. Definiram que a campanha seria veiculada também na televisão por assinatura pela maior afinidade com os públicos A e B, maiores clientes da MaxMilhas, e também pela afinidade com os programas e canais.

Após o lançamento, o monitoramento dos resultados mostrou que a MaxMilhas passou a ser muito mais conhecida a nível nacional, e de maneira mais massiva, permitindo um posicionamento mais rápido junto ao público geral. A confiança subiu rapidamente, assim como a taxa de conversão de usuários qualificados aumentou. O tráfego em geral mudou de patamar após alguns meses de exibição. A confusão com a necessidade de ter milhas continuou, mas havia uma tendência positiva de mudança nesse cenário.

A experiência confirmou algo que já era conhecido: a televisão cumpre muito mais um papel de posicionar a marca do que de venda. Por mais que a empresa soubesse disso, esperava vender mais após o lançamento e isso não aconteceu de maneira direta. Verificou, porém, que a televisão aumentava as buscas pela marca organicamente e havia uma relação direta entre o aumento da busca com as vendas. Testaram posteriormente outros formatos, como campanha de televisão para o Dia Mundial das Milhas e para a Black Friday. Nesses

PRÁTICAS DE MARKETING PARA COMPOR OS PASSOS INICIAIS DO FUNIL

casos, a estratégia foi usar campanhas mais varejistas, que trouxeram resultados melhores de vendas.

Após a campanha inicial, com a Tatá Werneck, e as campanhas promocionais em datas especiais, a MaxMilhas realizou outras, sempre com tom mais divertido. Junto da mídia off-line, a empresa continuou seus investimentos no on-line, inclusive uniformizando as campanhas com o mesmo tom, as mesmas cores, o mesmo discurso e até os mesmos artistas como protagonistas. Essa dupla (on-line e off-line) potencializou os resultados e conseguiu fazer com que a empresa fosse reconhecida em todo o país.

EXERCÍCIO PRÁTICO

De que maneira você usaria mídias off-line em sua empresa?

Opção 1:

_____
_____
_____
_____

Objetivo principal:
( ) Atrair ( ) Converter ( ) Relacionar ( ) Vender

Opção 2:

_____
_____
_____
_____

Objetivo principal:
( ) Atrair ( ) Converter ( ) Relacionar ( ) Vender

5. ASSESSORIA DE IMPRENSA

Quando a mídia tradicional já tem um público interessante, eventualmente a assessoria de imprensa também pode ser um caminho. Na prática, estamos falando aqui de ser pauta, ser citado por jornalistas e veículos em matérias que tenham relação com o seu mercado, sem que exista um pagamento envolvido.

O trabalho de um jornalista envolve uma busca eterna por fatos interessantes e essa pode ser uma oportunidade para as empresas que tenham boas fontes – ou seja, especialistas em alguma área para dar entrevistas –, ou novidades para serem apresentadas ao mercado. O trabalho da assessoria de imprensa será promover o encontro destes dois interesses: a publicação que está apurando uma matéria e precisa da palavra de algum especialista e a empresa que tem autoridade para falar sobre o assunto da pauta. Além disso, a assessoria de imprensa também pode sugerir pautas para serem desenvolvidas pelos veículos de comunicação.

Essas aparições ajudam a reforçar a credibilidade da marca e, consequentemente, permitem trabalhar algumas partes do funil, como a atração. Ao aparecer em uma reportagem, a empresa citada desperta um interesse inicial no público e é natural que ele procure saber mais sobre o assunto no site ou algo assim. Se a venda for simples, pode inclusive já acelerar e cumprir a etapa de venda. Para situações mais complexas, é difícil fazer uma venda direto, mas ainda ajuda na construção de uma imagem sólida, que é um dos objetivos buscados na etapa de relacionamento.

O que faz diferença no uso desse canal é entender o quão noticiável sua empresa é. Se você tem uma ferramenta de doações ou mesmo uma ONG que transforma a vida das pessoas, com certeza essas histórias podem virar notícias. Se trabalha a cura de uma doença, se é uma empresa que está crescendo rápido e gerando muitos empregos, ou se faz algo de uma forma muito diferente... isso tudo pode gerar bons de resultados. Ou seja, sua empresa tem notícias que valem ser divulgadas e isso é muito bom. Por outro lado, se a empresa não desenvolve nada novo, não tem nada que o diferencie de outros *players* do mercado, fica mais difícil emplacar uma pauta ou ser fonte de uma reportagem.

PRÁTICAS DE MARKETING PARA COMPOR OS PASSOS INICIAIS DO FUNIL

Muitas vezes a empresa acha que é diferente e causa impacto, mas uma análise fria mostra que não é bem assim.

Esse é um risco que se corre quando trabalha com assessoria de imprensa. Outro é que, por mais que a empresa tenha excelentes fontes e pautas e que a assessoria de imprensa faça um trabalho brilhante, você não tem controle do que será publicado, quando será veiculado ou se, realmente, a entrevista será aproveitada na matéria. Por isso, com raríssimas exceções, eu não confiaria nesse canal como um dos primeiros a se investir e como parte fundamental da Máquina de Aquisição de Clientes, assim como não recomendo a estratégia quando os recursos são limitados e é preciso priorizar um canal.

Boas práticas no trabalho com assessoria de imprensa

DEIXE O EGO DE LADO

Em muitos casos, os esforços aqui são conduzidos pela força do ego: o fundador quer ver sua foto em uma revista ou aparecer em uma matéria de televisão, por exemplo. Quando isso acontece, nem sempre há entendimento do público, um posicionamento adequado ou mais uma série de coisas que fazem enorme diferença nos resultados. É importante analisar se a ação busca acalmar o ego ou se realmente trará bons resultados. É um passo meio óbvio, mas é surpreendente o quanto isso ainda acontece.

FAÇA ALGO DIFERENTE OU QUE CAUSE IMPACTO

Ser noticiável não é só uma questão de área de atuação. Tem a ver também com fazer diferente ou com fazer algo de impacto para a sociedade. Por isso, mesmo que a empresa seja bastante comum, é possível criar algum atributo diferencial e construir uma narrativa com base nisso. Pode ser um modelo que dê maior autonomia para os funcionários, um bom plano de ações sociais, um ambiente de trabalho não convencional, enfim, procure atributos que sirvam de munição para que a assessoria de impressa possa trabalhar essa pauta no mercado.

CONSTRUA RELACIONAMENTO COM JORNALISTAS

Simplesmente disparar um *press release*[26] para vários veículos de comunicação é um movimento cada vez menos efetivo. Os jornalistas têm muito acesso a contatos e informações, recebem um volume altíssimo de abordagens todos os dias e os materiais que chegam aleatoriamente acabam passando despercebidos. O ideal é se manter por perto, mostrar como pode ser útil para o veículo e ajudar mesmo quando a pauta não trouxer benefícios diretos para a empresa. Dessa forma, estará construindo um relacionamento com o jornalista e, quando surgir uma pauta que se encaixe na sua empresa, o caminho ficará mais fácil.

PREPARE-SE PARA APROVEITAR AS OPORTUNIDADES

Boa parte das boas assessorias de imprensa vai escolher uma ou outra pessoa para exercer o papel de porta-voz e vai treiná-la para saber falar com a imprensa (chamamos esse processo de *media training*).

É muito, mas muito comum que alguém que está começando nesse mundo e que não tenha passado pelo *media training* se queixe quando uma matéria é publicada. "Não era bem isso que eu queria falar" ou "Deram foco em uma besteira enquanto tinham várias outras coisas interessantes" são exemplos de reclamações comuns e que refletem, na maioria das vezes, a falta de habilidade do entrevistado para conseguir reforçar seu ponto. A verdade é que é preciso se preparar muito bem, entender as mensagens-chave que a empresa quer passar na entrevista e saber focar ou direcionar a conversa para isso, respondendo de maneira bastante concisa e objetiva.

NÃO TENTE CONTROLAR

Outro fato bastante comum é quem que vai ser entrevistado, ou seja, a fonte, quer, de alguma forma, revisar o material antes de ser publicado. Esse tipo de pedido tende a ser prontamente negado pelos

---

26 Press release é o material preparado pela assessoria de imprensa para divulgação de uma empresa, de um produto ou de determinado assunto que envolve essa empresa. (N.E.)

jornalistas e, inclusive, é considerado mal educado. É por isso que o melhor a fazer é garantir que a entrevista seja boa e que você tenha feito a preparação adequada. O que vale é se colocar à disposição caso surja qualquer dúvida por parte do jornalista durante a produção da reportagem.

EXPLORE A SUA CREDIBILIDADE

Como falamos, um dos grandes benefícios em ser entrevistado para uma reportagem é ganhar credibilidade. Se um veículo de mídia sério resolveu falar da sua empresa ou entrevistar um de seus especialistas, as pessoas interpretam isso como um sinal de autoridade que é validado pela mídia especializada.

Se você entende claramente esse benefício, fica mais fácil usá-lo adequadamente. Muitas empresas pensam apenas na audiência do veículo, mas se o ponto é gerar credibilidade, esse material pode ser usado também na própria audiência da empresa. Enviar esse conteúdo para potenciais clientes, deixar um link disponível para acesso dos novos visitantes ou em materiais de vendas, por exemplo, são atitudes simples e uma forma de tirar mais vantagens e extrair ao máximo os esforços que foram feitos pela assessoria de imprensa. Aproveite essa oportunidade.

CASE:
LINKEDIN E A PROXIMIDADE COM O PÚBLICO BRASILEIRO

Como falamos, ser visto como uma autoridade em determinado assunto na mídia é um benefício de se ter uma boa assessoria de imprensa. Mas quando existe uma proposta alinhada com o que a empresa deseja, esse trabalho com as mídias pode ser aproveitado de outras formas. Foi o que fez a rede social LinkedIn, que usou a imprensa para aumentar a proximidade com o público brasileiro fazendo-o entender a importância de ter um perfil na rede.[27]

---

27 Fernanda Brunsizian, ex-diretora de comunicação do LinkedIn, em entrevista concedida ao autor em 8 jan. 2021.

MÁQUINA DE AQUISIÇÃO DE CLIENTES

A assessoria da empresa tinha alguns objetivos a serem trabalhados. Um deles era mostrar a importância de os usuários manterem seus perfis mais completos (pois a maioria deixava a tarefa pela metade); outro era mostrar que a rede era útil para profissionais de quaisquer níveis (pois havia uma sensação de ser uma rede elitista, já que os primeiros usuários eram estrangeiros e da área de tecnologia); também tentava mostrar ao mercado de publicidade que a rede tinha produtos para todas as áreas; e, por fim, tirar um pouco a cara "gringa" que a rede tinha, pois até então não era possível fazer integrações com plataformas comuns no Brasil, como a Lattes.[28]

O trabalho foi iniciado construindo um relacionamento com os jornalistas. A ideia era que eles, antes mesmo das outras pessoas, conhecessem a plataforma e a achassem interessante. A empresa desenvolveu o programa "LinkedIn para jornalistas" que consistia em um curso em que eram apresentados temas como a criação de um bom perfil, como procurar boas fontes e como maximizar o conteúdo das publicações. A equipe de comunicação ia de redação em redação explicando a proposta e oferecendo esse conteúdo especializado. Depois dos encontros, caso os profissionais atualizassem o perfil, recebiam então a conta premium. Com os jornalistas mais conscientes do poder da plataforma, foi mais fácil trabalhar as pautas.

Outro ponto interessante é que, no início da operação, os jornalistas procuravam fontes independentes do mercado para falar sobre a plataforma. O problema é que nem sempre essas pessoas dominavam todos os recursos da plataforma ou tinham uma mensagem alinhada ao discurso da empresa. O LinkedIn então passou a contatar essas pessoas que eram frequentemente consultadas pelos veículos de comunicação e formou uma rede de embaixadores. Isso ajudou a empresa não só a ter uma presença melhor na imprensa, mas também a atender aos pedidos de palestras que recebia. Sempre que a ida de um gestor interno fosse inviável, era só indicar algum dos embaixadores e contar com eles para tornar a rede mais conhecida.

---

28   A plataforma Lattes (CNPQ) é um banco de dados e currículos voltado para a produção acadêmica brasileira, integrando dados pessoais e profissionais de indivíduos e instituições. (N.E.)

PRÁTICAS DE MARKETING PARA COMPOR OS PASSOS INICIAIS DO FUNIL

Para a diretora de comunicação do LinkedIn na época da ativação desse trabalho, Fernanda Brunsizian, a imprensa funciona como canal quando o produto tem grande impacto social e um grande inimigo comum. No caso do LinkedIn, o inimigo é o desemprego, historicamente sempre alto no país. Ao alinhar a dor do usuário com a solução oferecida, e somando um grande trabalho de divulgação, foi possível popularizar o uso da plataforma no Brasil.

EXERCÍCIO PRÁTICO

De que maneira você usaria a assessoria de imprensa em sua empresa?

Opção 1:

_____

_____

_____

_____

Objetivo principal:
( ) Atrair ( ) Converter ( ) Relacionar ( ) Vender

Opção 2:

_____

_____

_____

_____

Objetivo principal:
( ) Atrair ( ) Converter ( ) Relacionar ( ) Vender

6. INFLUENCIADORES DIGITAIS

"Oi, meninas, tudo bem? Vamos ver os recebidos de hoje?"

São muitas as brincadeiras envolvendo o mundo dos influenciadores digitais. Embora ainda exista uma parcela deles que tem seu trabalho associado a um estilo de vida vazio, focado em futilidade ou mesmo em padrões de vida irreais para boa parte da população, existe outra parte – bem maior do que essa que é criticada – que faz um trabalho muito bom, com conteúdo profundo e que se relaciona verdadeiramente com a audiência. O trabalho de qualidade faz desse canal uma oportunidade relevante para as marcas que contratam influenciadores digitais para apresentar produtos ou campanhas a seus milhões de seguidores.

Quando a marca é menos conhecida e quer ganhar mercado, um bom trabalho com influenciadores pode ser útil para atrair gente nova para o funil. Já para as marcas mais bem estabelecidas e que têm como persona a mesma audiência do influenciador, o foco é ajudar no relacionamento, construindo credibilidade e preparando a venda. Há outra possibilidade interessante: caso o produto seja simples, os influenciadores podem ajudar a encurtar o ciclo e já pular para a venda, com ações mais focadas em performance.

Definir o objetivo da estratégia é muito importante não só para criar a campanha mais adequada, mas também para escolher influenciadores que têm mais ligação com o que a empresa está precisando naquele momento.

Portanto, o marketing de influenciadores pode ser poderoso e adaptável para diferentes realidades e necessidades. Dá para ter um alcance local ou global e ainda atender diferentes etapas do funil. Quando a estratégia dá errado, geralmente o problema está mais relacionado ao modo como é feita do que ao canal em si, como quando se contrata um influenciador só porque ele tem muitos seguidores, sendo que eventualmente ele não tem um bom engajamento ou os seguidores não são o público-alvo da empresa. Outro problema acontece quando se contrata um influenciador com uma postura incompatível com a da empresa, gerando ruído.

Boas práticas no trabalho com influenciadores

NÃO É SÓ UMA QUESTÃO DE NÚMERO DE SEGUIDORES

Um dos erros mais comuns das marcas é avaliar as oportunidades com influenciadores e estimar o impacto apenas pelo número de seguidores nas redes sociais. Muitas vezes esse número não reflete a realidade, visto que há influenciadores com muitos seguidores, mas baixo engajamento, e também porque uma ação tem um contexto maior do que apenas quantidade. A marca deve considerar outros fatores: Os valores da pessoa casam com os da empresa? A imagem dela ajuda a fortalecer o posicionamento da marca? A audiência dela tem o perfil exato que você procura? Ela se envolve em polêmicas que podem prejudicar a marca? Essas perguntas são muito importantes e não podem ficar de fora na hora de avaliar uma parceria.

O que está em jogo aqui é justamente a associação de imagem e a influência. Se o que você quer é só alcance, talvez a compra de mídia funcione melhor.

TRABALHO FEITO EM CONJUNTO

Uma campanha funciona melhor se tiver o tom e a linguagem usados por quem vai publicá-la, ou seja, o influenciador digital. É isso que gera a conexão com a audiência. As pessoas seguem o influenciador porque gostam da forma única que ele fala e leva a sua mensagem. Só criar uma peça e pedir para postar provavelmente vai gerar um resultado muito abaixo do potencial. Por outro lado, quando a campanha é criada em conjunto, com a marca e o influenciador dialogando e criando um conteúdo personalizado, a tendência é que o engajamento seja maior e gere mais retorno para a marca.

REPORT E AVALIAÇÃO DE RESULTADOS

Por fim, é muito importante acompanhar cada entrega e avaliar os resultados de acordo com o objetivo predeterminado. Cada objetivo e campanha devem ter métricas diferentes. Se o foco for vender, por exemplo, pode ser necessário avaliar quantas compras foram feitas com um cupom de desconto. Para um objetivo de expansão

MÁQUINA DE AQUISIÇÃO DE CLIENTES

de audiência, quantos seguidores passam a seguir o perfil após a ação. Para relacionamento, como foi o engajamento de determinada postagem.

CASE:
ARAMIS E SEUS EMBAIXADORES DA MARCA

No mercado de moda masculina desde 1995, a Aramis conseguiu aumentar sua entrada no mercado usando o trabalho de influenciadores. Eu tive contato com a marca pela primeira vez em 2010, por amigos que utilizavam os produtos. Por volta de 2017, no entanto, esse contato se intensificou por um motivo bastante claro: várias pessoas que eu acompanhava e admirava no mercado em que atuo passaram a vestir roupas da marca e a falar da empresa. Era um trabalho intencional, feito com influenciadores.

Algum tempo depois fui convidado pela então gerente de marketing da Aramis, Ana Khurbi, para conhecer a equipe de gestão e para me tornar também um dos embaixadores da marca. Isso me aproximou mais ainda deles e me fez ver de perto uma construção muito interessante.

O começo do trabalho com influenciadores foi por volta de 2014. Nessa época, Richard Stad assumiu como CEO e a empresa recebeu uma injeção de capital, iniciando assim seu processo de expansão. Enquanto novas lojas eram abertas pelo país, a marca contratava pequenos grupos de influenciadores locais para usarem as roupas e falarem sobre elas nas redes. Era uma maneira de chegar a um público novo, que talvez ainda não conhecesse bem a grife, e assim se apresentar, já passando mais confiança e levando mais gente para as lojas.

O principal cuidado era ter influenciadores que tivessem valores parecidos e discursos alinhados com a marca. E, claro, que realmente gostassem dos produtos. A Aramis chegou à conclusão de que a verdade vende e seguiu à risca esse aprendizado. Mais do que ter aquele que tem muitos seguidores, o importante era trabalhar com aquele que tivesse uma conexão real com uma comunidade, beneficiando a marca.

PRÁTICAS DE MARKETING PARA COMPOR OS PASSOS INICIAIS DO FUNIL

Com o tempo, a operação ficou mais madura e a marca passou a dividir sua estratégia entre influenciadores (pessoas que são contratadas para espalhar uma mensagem) e embaixadores (pessoas que têm um nível de contato mais próximo com a empresa, criam mensagens em conjunto, e cultivam uma relação mais duradoura). Entre seus contratados, há poucos grandes influenciadores, alguns médios e muitos pequenos. Os pequenos influenciadores têm menos alcance, mas também demandam menos da marcar e tem mais proximidade dos seguidores, gerando uma conexão valiosa.

Com essa estratégia, a marca usa a audiência dessas pessoas para chegar em territórios que fogem um pouco do escopo de atuação da moda. Assim consegue atingir outras comunidades, como o mercado financeiro, gastronômico, esportivo e tantos outros meios. A iniciativa de ter um influenciador ou embaixador é perfeita e faz muito bem o meio de campo entre as áreas. É inclusive como vejo meu papel hoje como embaixador da marca, vestindo Aramis nos momentos de diálogo com a comunidade que está ao redor do marketing digital e nos eventos e treinamentos.

Os influenciadores, inclusive, ajudaram na mudança da marca, que aconteceu em 2020, concentrando os esforços na ativação e comunicação dessa novidade junto a sua audiência.

Segundo Luana Almeida,[29] que comandou o RP da marca na época, para desenvolver esse trabalho foi de extrema importância ter uma pessoa alocada na empresa para essa prática, conduzindo um relacionamento próximo e verdadeiro no dia a dia com os influenciadores, eliminando a frieza e "mecanização" de um intermediário externo no meio do caminho.

Outro fator importante é que a marca entendeu que não existe um indicador específico ou maneira única de medir que sirva para todos os projetos. Para a gerente de marketing da marca, Juliana D'Auria,[30] cada influenciador e cada campanha tem um objetivo diferente e é preciso

---

29   Luana Almeida, ex-content expert da Aramis, em entrevista concedida ao autor em janeiro de 2021.

30   Juliana D'Auria, gerente de marketing da Aramis, em entrevista concedida ao autor em janeiro de 2021.

MÁQUINA DE AQUISIÇÃO DE CLIENTES

entender esses fatores para saber avaliar da forma correta. Algumas campanhas são de performance e podem ser medidas pelo uso de um cupom, outras tem como objetivo fortalecer uma mensagem, algumas procuram criar mais proximidade e pavimentar relacionamentos... cada uma vai ter os próprios indicadores.

Como a Aramis usa outras práticas na sua Máquina de Aquisição, não dá para dizer o quanto os influenciadores ajudam a empresa a acelerar. O fato é que o crescimento da marca, tanto em faturamento quanto em reconhecimento de marketing, acompanha de maneira direta o esforço de trabalho com influenciadores e essa é uma linha de investimento que continua forte no orçamento para os próximos anos.

EXERCÍCIO PRÁTICO

De que maneira você usaria influenciadores digitais em sua empresa?

Opção 1:

_____

_____

_____

_____

Objetivo principal:
( ) Atrair ( ) Converter ( ) Relacionar ( ) Vender

Opção 2:

_____

_____

_____

_____

Objetivo principal:
( ) Atrair ( ) Converter ( ) Relacionar ( ) Vender

7. PLATAFORMAS, PROGRAMAS DE PARCERIAS E AFILIADOS

Existem alguns casos em que outra empresa ou profissional já atende ao mesmo perfil de público da sua marca. Em outros ele pode até não fazer isso ainda, mas quer começar pela oportunidade de ser seu parceiro e vender seu produto. É por isso que outra prática de marketing que pode ser aplicada é usar um terceiro para levar seu produto até o cliente. Há vários caminhos para isso. Um deles é o *marketplace*, negócio que conecta compradores e vendedores. Em alguns casos, eles cobram uma taxa pela venda (como o Mercado Livre), em outros cobram por oferecer a vitrine (como a Webmotors e a OLX).

Outra possibilidade é usar um afiliado, pessoa que promove o produto ou serviço e, caso a venda seja concretizada, ganha uma comissão; ou mesmo um representante, que não só indica como pode vender em seu nome e oferecer serviços complementares. Há ainda os casos de plataformas que se beneficiam naturalmente de ter terceiros em seu ambiente, já que isso pode ajudar o produto ou serviço em si. A Apple, por exemplo, não ganha dinheiro diretamente quando uma empresa oferece um aplicativo gratuito, mas o fato de o cliente ter acesso a ótimos aplicativos incentiva o uso do celular, então eles dão visibilidade a esses produtos.

O grande lance aqui é poder quase que "terceirizar" o passo da aquisição, em um contexto em que o parceiro se responsabiliza pelas diferentes etapas do funil. Em um modelo com produtos simples e self-service, como o e-commerce do Mercado Livre, há a terceirização do funil completo. Eles fazem o papel de aquisição, conversão e vendas.

Quando a venda começa a ficar complexa, é comum que o terceiro só gere a oportunidade. A Webmotors, por exemplo, entrega o telefone do vendedor e ele próprio toca a venda quando recebe a chamada. Funciona assim também quando os afiliados direcionam a venda para o site da marca. O papel do afiliado ou representante, nesse caso, acaba sendo mais forte nas etapas de atração e conversão.

Isso tudo é maravilhoso e o sonho de qualquer empresa – imagina ter gente boa trabalhando por você? – enquanto o canal está funcionando bem. No entanto, há algumas coisas para se atentar. A primeira

MÁQUINA DE AQUISIÇÃO DE CLIENTES

delas é que muitas vezes esse tipo de parceria leva muito tempo para ser construída ou, pior que isso, muitas vezes tem muito investimento e planejamento e não dá certo, o parceiro não abraça a causa e o projeto não consegue acelerar. A segunda é que a marca pode criar uma espécie de dependência desse serviço de terceiros. Para entender esse problema, pense nos primórdios dos aplicativos de táxi: logo que eles surgiram, era comum o motorista que se cadastrava não pagar taxa alguma para estar no aplicativo. Era uma estratégia para fomentar um novo hábito e os motoristas, que muitas vezes ficavam ociosos no ponto de táxi esperando o telefone tocar, adoraram ter uma nova fonte de clientes. Porém, depois que os aplicativos ficaram bem conhecidos e se tornaram a principal fonte de clientes para a maior parte dos motoristas, as taxas vieram e os taxistas já não tinham como fugir, pois estavam dependentes do aplicativo para encontrar os clientes.

Por isso, minha dica é não depender desses terceiros como fonte primária. **Sempre cultive outras fontes, balanceando os riscos e evitando colocar todos os ovos em uma cesta só.**

Boas práticas no trabalho com terceiros

ENSINAR A FAZER

Muitas vezes quem vai vender o produto ou serviço não o conhece tão bem assim e não consegue responder dúvidas ou combater as objeções dos clientes. Isso ocorre porque nem sempre há uma equipe capaz de estudar e criar materiais de vendas adequados para esse tipo de parceria. Por isso é fundamental entregar tudo isso, ensinar a fazer a venda, fornecer o material de apoio. Isso dará todo o suporte para que as vendas aconteçam e vai ajudar a atrair o cliente mais preparado e acelerar as vendas.

CUIDADO COM QUEM ENTRA

Nesse contexto de venda, a experiência do cliente com a marca vai estar associada a esse terceiro. É importante tomar muito cuidado para escolher quem vai ser esse parceiro, que deverá priorizar o longo prazo e não vai queimar a marca com uma atitude negativa. Um afiliado, por exemplo, que sai fazendo *spam* do produto em diferentes canais (e-mail, redes sociais etc.) com certeza não é bem-vindo. Por isso é legal avaliar o histórico, traçar alguns critérios e acompanhar esse trabalho de perto.

ENTENDER QUAL É O VALOR QUE VOCÊ ENTREGA

Muitas vezes vemos uma marca criando um programa de afiliados ou de parcerias que oferece ao terceiro uma comissão que não é suficiente para incentivá-lo a trabalhar o produto. Há casos de empresas que acham que a simples associação de marca já é o suficiente para ajudar o parceiro, quando, na verdade, a percepção de valor não é tão grande assim.

É fundamental investigar e entender com clareza os porquês de alguém querer ser parceiro e quais tipos de incentivos realmente funcionam nessas estratégias. **Ao entender com mais clareza onde de fato há entrega de valor, é possível moldar o benefício.** Eventualmente, em vez da comissão, o valor pode estar em receber um treinamento ou em fazer parte de uma comunidade. Sabendo disso, fica muito mais fácil ajustar a oferta e comunicar a proposição de valor. Trate o parceiro como uma persona: conduza entrevistas e conheça-o a fundo, isso vai ajudar bastante o trabalho que se seguirá.

CASE: XP INVESTIMENTOS E SEUS ESCRITÓRIOS PARCEIROS

A XP nasceu com uma missão: acabar com a concentração de investimentos brasileiros nos grandes bancos, levando alternativas melhores para o consumidor. A empresa chamou a atenção nacionalmente quando fez seu IPO (oferta pública de ações) em 2019 e foi avaliada em quase 15 bilhões de dólares.[31] As ações continuaram subindo e logo a XP virou a empresa brasileira mais valiosa dentre as listadas na Nasdaq.[32] Roberto Setubal, ex-CEO e presidente do conselho do Itaú Unibanco,

---

[31] TORRES, F. XP sai avaliada em US$ 14,9 bilhões em IPO. **Valor Investe**, 10 dez. 2019. Disponível em: https://valorinveste.globo.com/mercados/renda-variavel/empresas/noticia/2019/12/10/xp-sai-avaliada-em-us-149-bilhoes-em-ipo.ghtml. Acesso em: 16 jun. 2021.

[32] Nasdaq é um mercado de ações estadunidense. É o segundo maior do mundo, perdendo apenas para a Bolsa de Nova York. (N.E.)

MÁQUINA DE AQUISIÇÃO DE CLIENTES

definiu a empresa como o maior case nacional de empreendedorismo desde 1987.[33] Nada mal, né?!

E o que levou a XP a esse sucesso todo? Há uma série de fatores, que naturalmente passam por gente boa tocando a empresa, bom *timing* de mercado, aquisições de outras empresas, brechas dos concorrentes etc. Mas há um aspecto estratégico que começou com uma aposta há bastante tempo e foi se aperfeiçoando: o modelo de aquisição baseado em parceiros.

A XP tem mais de quinhentos escritórios parceiros com assessores de investimento que fazem um trabalho de educação do mercado. Por meio de cursos e palestras, esses assessores preparam as pessoas para entenderem o básico do mercado financeiro para então se tornarem investidores. O escritório parceiro tem acesso a treinamentos e eventos da própria XP, além de, ao usar a plataforma para operacionalizar os investimentos, receber uma espécie de comissão sobre o patrimônio gerenciado e produtos contratados.[34]

Essa estratégia é positiva para todos. O assessor não cobra nada do cliente, fazendo com que a oferta seja aceita mais facilmente, mas recebe uma comissão e consegue tirar dali seus proventos. O cliente sai feliz, já que mesmo pagando uma taxa embutida, tem produtos com rentabilidade e condições melhores do que muitas das alternativas tradicionais. E a XP tem uma remuneração embutida no investimento, ao passo que não precisa gastar muito com aquisição de clientes e gestão da carteira – é o parceiro quem faz esse trabalho.

Já que as práticas de aquisição de clientes acabam sendo executadas em parte por terceiros, cabe a XP montar outro funil pensando na captação dessa base de parceiros e isso é feito com eventos, conteúdos, anúncios e indicações.

----

33 SALOMÃO, T. Setubal: "XP é o maior case de sucesso do empreendedorismo dos últimos 30 anos". **InfoMoney**, 24 jun. 2017. Disponível em https://www.infomoney.com.br/mercados/setubal-xp-e-o-maior-case-de-sucesso-do-empreendedorismo-dos-ultimos-30-anos/. Acesso em: 10 jun. 2021.

34 CAMPOS, A. XP diz que ecossistema tem quase 500 escritórios de agentes autônomos. **Valor Econômico**, 22 jul. 2020. Disponível em: https://valor.globo.com/financas/noticia/2020/07/22/xp-diz-que-ecossistema-tem-quase-500-escritorios-de-agentes-autonomos.ghtml. Acesso em: 16 jun. 2021.

PRÁTICAS DE MARKETING PARA COMPOR OS PASSOS INICIAIS DO FUNIL

Com cada vez mais parceiros, a empresa conquista volume de clientes, multiplicando a força de vendas e a receita sem precisar pagar um salário fixo a ninguém. Além disso, ainda constrói uma barreira competitiva invejável: uma nova corretora pode surgir e copiar alguns produtos, mas copiar todo um ecossistema e tirar centenas de parceiros é muito mais difícil.

EXERCÍCIO PRÁTICO

De que maneira você usaria plataformas, parcerias e afiliados em sua empresa?

Opção 1:

_____

_____

_____

_____

Objetivo principal:
( ) Atrair ( ) Converter ( ) Relacionar ( ) Vender

Opção 2:

_____

_____

_____

_____

Objetivo principal:
( ) Atrair ( ) Converter ( ) Relacionar ( ) Vender

---

8. EVENTOS E PALESTRAS

Feiras e eventos são canais antigos e fazem parte do mix tradicional de marketing. Há casos emblemáticos, eventos supertradicionais do varejo

MÁQUINA DE AQUISIÇÃO DE CLIENTES

(e microsegmentos dentro disso), de telecomunicações, de tecnologia e de educação, por exemplo, que existem há décadas e reúnem todo ano milhares de pessoas.

Com as grandes mídias trazendo uma comunicação abrangente e focada nas massas, muitas vezes fica para os eventos o papel de atrair e educar um público mais nichado, especialmente no contexto corporativo. **Apesar de a internet ter surgido e de vários outros canais aparecerem e ganharem força, os eventos também foram se reinventando, adicionando experiências e trazendo esse "novo charme" que é o olho no olho, algo difícil de replicar on-line.** Há três formas diferentes de aproveitar esse contexto: fazendo um evento para sua empresa, patrocinando um evento terceiro ou palestrando em um evento.

Pensando no funil, um evento de terceiros pode fazer bem o papel de atrair: ele busca a audiência e você chega para se apresentar. Já um evento próprio pressupõe que provavelmente as pessoas já conheçam a marca ou que você use outros canais de aquisição para fazer a atração do público. Por isso, essas formas cumprem um papel na etapa de relacionamento: fazer o cliente andar na jornada, ter mais contexto e entender melhor o assunto. No caso de uma palestra, há uma mistura: ela tanto traz gente nova, que foi atraída pelo evento terceiro, como também permite criar um relacionamento mais profundo com quem já conhece o produto ou serviço.

Outra possibilidade é usar um evento para a etapa de vendas, afinal o público já está todo reunido no mesmo lugar. Apesar dessa vantagem, tome muito cuidado com a abordagem. Se você tem um discurso muito comercial nos eventos, a tendência é que não gere valor para muita gente, fazendo com que elas não voltem e nem recomendem. Afinal, quem vai a um evento quer se informar, aprender, fazer *networking*. Se a cada passo que dá encontra alguém querendo vender, seu objetivo fica comprometido. E mais: o evento fica chato. No longo prazo isso mata o canal, você deixa de ser convidado para palestrar ou as pessoas deixarão de ir a um próximo evento seu porque sabem que vão ser bombardeadas. Tome muito cuidado.

É preciso avaliar cuidadosamente a jornada de compra para saber se vale mesmo a pena realizar um evento ou participar de um. Eventos

PRÁTICAS DE MARKETING PARA COMPOR OS PASSOS INICIAIS DO FUNIL

ajudam muito em jornadas de compra muito complexas, com tickets mais altos. O olho no olho, a possibilidade de estar ao lado de outros clientes com experiências positivas, ajuda a gerar a confiança e credibilidade necessárias para assinar um cheque mais alto. Se o ticket é baixo, os eventos só se justificam quando o volume é grande, porque mesmo que o evento se pague, é um investimento grande de tempo e de organização. E sempre existe o risco de não ter o retorno financeiro esperado, caso o público seja pequeno.

Boas práticas em eventos e palestras

OLHAR FOCADO EM CONTEÚDO

Se você procura um evento para palestrar, evite aqueles que prometem uma vaga caso a marca seja patrocinadora e que, de maneira indireta, "vendem" o espaço no palco. Se ele faz isso a você, pode fazer com qualquer outro patrocinador e é um indicativo de pouca qualidade na curadoria de conteúdo, que por consequência tende a se refletir em um evento com baixa participação e engajamento.

Conquiste o lugar ao apresentar bom conteúdo. Se preocupe em criar palestras que impactam, que se conectam com os problemas da audiência e trazem soluções. Essa é a chave do sucesso. Deixe o lado mais comercial para os estandes.

PENSE NOS PASSOS SEGUINTES

Se a venda não acontece nos estandes do evento, é importante garantir maneiras para que ela aconteça mais adiante. Conseguir o contato do potencial cliente e investir no *follow-up* é o que ajuda a gerar resultados e garantir que a participação valha a pena.

PLANEJE-SE COM ANTECEDÊNCIA

Para aproveitar todo o potencial de um evento, sugiro que tenha um planejamento com antecedência. Estudar bem o perfil do público, saber o que esperar do evento, o que se pode aproveitar do que será apresentado lá e descobrir se clientes atuais ou em etapas anteriores do funil estarão por lá. É o momento de marcar encontros com esses clientes ou contatos no evento ou programar alguma maneira de fazer relacionamento por lá. O antes e o depois são tão importantes quanto a boa execução no dia do evento em si.

CASE:
EXACT SALES E A CAPTAÇÃO DE CLIENTES EM PALESTRAS E EVENTOS

A Exact Sales, empresa que oferece uma solução em aceleração de vendas, segue corretamente essa dica do planejamento com antecedência para aproveitar todo o potencial dos eventos em que participa. A empresa, que nasceu em 2015, usa a prospecção ativa e abordagem direta como principal fonte de aquisição de clientes.[35] Aos poucos, porém, foi se atentando para outras oportunidades, como a possibilidade de investir em uma cota de patrocínio para ter um estande no RD Summit, evento anual de marketing e vendas que é realizado pela RD.

A premissa era gerar retorno de pelo menos três vezes o investimento em, no máximo, dois meses após o evento. Para isso, a empresa encara eventos como um momento de venda de fato e, assim, prepara-se com antecedência, abordando potenciais clientes, reaquecendo contatos antigos e deixando reuniões e conversas já marcadas para fazer o fechamento durante o evento.

No primeiro ano que participaram do RD Summit, os objetivos foram atingidos sem grandes dificuldades e os resultados foram tão bons que abriram os olhos da empresa para encarar os eventos como canal de aquisição de fato.

Começaram a participar de outros e foram descobrindo táticas que funcionavam, bem no estilo marketing de guerrilha. Em vez de um apelo estético, o estande está sempre focado em gerar mais provas sociais. As paredes são cheias de depoimentos e estudos de caso. Se um cliente com um case legal passe por lá e não estiver retratado, faz um papel à mão para colar nas paredes (houve um RD Summit em que terminaram com mais de trinta adesivos colados). A cada venda feita, o time bate

---

35 Théo Orosco, fundador da Exact Sales, em entrevista concedida ao autor em 7 jan. 2021.

PRÁTICAS DE MARKETING PARA COMPOR OS PASSOS INICIAIS DO FUNIL

palma e faz muito barulho, chamando a atenção das pessoas que estão circulando pelos estandes e também mostrando que é possível fechar uma venda ali mesmo no evento.

Mesmo quando ainda não tinha muitos vendedores, a empresa já usava sempre um uniforme: camisa com gravata laranja, que chamava muito a atenção (especialmente quando há um grupo vestido assim). Essa prática se consolidou e a Exact Sales se tornou figurinha carimbada no RD Summit e em alguns outros grandes eventos no mercado.

A empresa se deparou então com o problema da sazonalidade. Os eventos eram todos concentrados em determinados períodos do ano, o que resultava em falta de previsibilidade de novos clientes fora dessas datas. Chegaram a cogitar a criação de eventos próprios, mas perceberam que havia outra oportunidade. Com frequência, o fundador e CEO da empresa, Théo Orosco, era convidado por aceleradoras, incubadoras e fundos de investimentos em startups para fazer palestras para grupos menores. Passaram a aceitar os convites, mas com um combinado: receberiam em troca a lista de participantes e poderiam tentar usá-la para trabalhar vendas.

A estratégia funcionou bem e vinha sendo relevante, até que duas grandes mudanças aconteceram. A primeira foi que a empresa redefiniu seu perfil de cliente ideal e percebeu que deveria focar em grandes empresas. Lembra-se de que no começo do livro falei sobre como essa análise é importante e fazê-la no começo ajuda muito? Pois então, a Exact precisou mudar uma parte do que vinha fazendo para se adequar ao novo perfil. O segundo ponto foi a crise sanitária gerada pela pandemia da covid-19 em 2020, impossibilitando a realização de qualquer evento presencial, o carro-forte de sua estratégia. A empresa, então, reinventou-se para realizar eventos on-line próprios com foco no novo perfil de clientes. Nesse modelo, o papel colado na parede dos estandes com os depoimentos dos clientes foi substituído pelos próprios clientes compartilhando suas histórias e cases. Mais uma vez foi uma escolha de sucesso.

Hoje os eventos respondem entre 15 e 20% das vendas da empresa – a segunda posição entre as fontes mais relevantes, perdendo apenas para a prospecção ativa. Assim como acontece com outras empresas, os eventos não são a fonte número um da Exact, mas é um

MÁQUINA DE AQUISIÇÃO DE CLIENTES

ótimo complemento. Pense nisso quando for determinar a sua estratégia. Ao mesmo tempo em que vende, em um evento é possível mostrar o conceito da empresa, educar e engajar clientes, mostrando produtos novos e apresentando os diferenciais. É uma ótima escolha para quem deseja ficar cara a cara com os clientes.

EXERCÍCIO PRÁTICO

De que maneira você usaria eventos e palestras em sua empresa?

Opção 1:

_____
_____
_____
_____

Objetivo principal:
( ) Atrair ( ) Converter ( ) Relacionar ( ) Vender

Opção 2:

_____
_____
_____
_____

Objetivo principal:
( ) Atrair ( ) Converter ( ) Relacionar ( ) Vender

---

9. COMUNIDADES

Se você vivenciou a época do Orkut, rede social precursora do Facebook, criada em 2004 e desativada pelo Google em 2014, talvez já tenha

PRÁTICAS DE MARKETING PARA COMPOR OS PASSOS INICIAIS DO FUNIL

sentido um pouco do poder dessa prática. Por lá, as comunidades bombavam e até hoje são lembradas com nostalgia pelos usuários. Cursos, profissões, cidades, times de futebol... era fácil encontrar alguma com a qual se identificava.

Grupos em torno de um assunto comum geram sentimento de pertencimento e é por isso que podem, também, trazer boas oportunidades para as marcas. As comunidades são parte da natureza humana, é instintivo o desejo de criar conexões e relacionamentos, de dividirmos momentos uns com os outros, compartilhar crenças ou boas risadas.

Comunidades em torno de marcas geralmente se formam naturalmente. Porém, as empresas vendo o potencial desses grupos, em vez de meramente acompanhar o crescimento, colocaram mais lenha na fogueira e se tornaram protagonistas no processo, dando início e fomento ao desenvolvimento da prática. Uma vez que elas existem e engrenam, se potencializam sozinhas. As próprias pessoas criam um vínculo tão forte com o grupo que se tornam ativas na gestão e expansão dele. Elas mesmas gerenciam as comunidades postando, respondendo comentários, convidando amigos com o mesmo perfil para fazer parte e fazem o todo funcionar.

A marca, em troca, ganha um canal de acesso próximo a essas pessoas, atendendo à etapa de relacionamento no funil. A ideia é permitir a manutenção da comunidade e manter as pessoas engajadas. É possível também sentir efeitos nas etapas de atração (com uma pessoa chamando outra) e vendas (com o reforço de depoimentos e indicações).

Apesar desses benefícios, vejo que gerenciar uma comunidade como parte da estratégia de aquisição não é uma prática comum e a explicação está no caixa: a conta nem sempre fecha. Às vezes é preciso um esforço grande para engajar a comunidade sem que exista um retorno tão grande, especialmente no curto prazo. **Na maioria das vezes a comunidade faz sentido quando há uma causa ou crença comum.** As pessoas se unem para defender uma profissão, para lutar por alguma injustiça, para fortalecer uma categoria, sempre aprendendo umas com as outras. Se a área de atuação da empresa dá margem para um desses ângulos, é possível que a prática funcione. Caso não, fica bem mais difícil. Aí o melhor é escolher outro canal.

Boas práticas com comunidades

DEFINA AS REGRAS

É necessário ser um grande iniciador de conversas. Fazer perguntas, incitar discussões. Não dá para ficar esperando o efeito orgânico passivamente. A comunidade precisa de um provocador para que o movimento cresça e crie identificação com a marca. Também é preciso determina as regras do grupo. O que pode ser postado? Quais são os limites? A falta de regras pode fazer com que as pessoas falem sobre assuntos sem ligação direta com a comunidade, tornando-a menos interessante para os participantes; pode virar uma página de classificados, com todo mundo se promovendo e sem objetivos algum; e pior, pode até virar um espaço para que os concorrentes entrem e se promovam. As regras vão garantir mais atratividade e controle para sua empresa.

RECONHEÇA AS PESSOAS QUE GERAM VALOR

As pessoas se engajam por status e reconhecimento. E esse envolvimento dentro da comunidade deve ser incentivado. Se alguém que posta e participa é elogiado ou recebe uma premiação, por exemplo, outras entendem qual é o caminho e vão tentar seguir. Isso gera uma movimentação nas postagens, maior engajamento nas comunidades e, claro, mais retorno para a marca.

AVALIE SEMPRE OS NÚMEROS

Medir mês a mês as participações, verificando se houve mais ou menos engajamento e quais foram as ações que tiveram maior impacto é muito importante. Essa prática reforça o aprendizado contínuo e ajuda a melhorar a performance do grupo. Assim é possível saber o que fazer para ter mais resultado e repetir a ação que deu retorno. É assim também que dá para saber o que não deu certo e o que pode ser esquecido ou aprimorado para ser usado novamente. O importante é sempre manter a comunidade se movimentando. E os números podem ajudar a descobrir como fazer isso.

CRIE UMA RELAÇÃO COM OUTROS CANAIS

É interessante jogar na comunidade links de outras redes sociais, de um blog, um post e também iscas para capturar e-mails. Para isso pode-se fornecer algum material rico ou fazer um *webinar* em que a pessoa tenha que preencher um formulário. Se em algum momento o engajamento da comunidade cair, a estratégia continua ao alcançar o público em outros canais. Assim, caso a comunidade fique parada, as pessoas já estarão seguindo a marca no Instagram ou, se tiverem deixado o e-mail em outro momento, ainda assim vão continuar o relacionamento por e-mails marketing.

CASE:
EPHEALTH E A COMUNIDADE NA ÁREA DE SAÚDE

O Brasil conta com quase 265 mil Agentes Comunitários de Saúde (ACS)[36] que têm o papel de fazer a conexão entre a comunidade e o governo. É um trabalho de formiguinha, visitando famílias e promovendo questões de saúde, identificando problemas, incentivando cuidados e encaminhando para tratamentos nas unidades de saúde. É nesse cenário que a ePHealth atua, oferecendo uma solução de controle de agenda desses profissionais por um aplicativo.

A ideia surgiu quando o fundador, Pedro Pereira,[37] ouviu de governantes a dificuldade que tinham em saber o quanto de trabalho era feito pelos agentes. A sensação dos órgãos públicos era de ineficiência. Ao vivenciar essa rotina dos profissionais na prática para criar a solução, Pedro percebeu um cenário diferente. Ele descobriu profissionais muito eficientes nas suas funções, verdadeiros guerreiros, que trabalhavam muito, mas tinham poucas ferramentas e eram pouco reconhecidos tanto pela comunidade quanto pelo poder público.

Foi daí que a empresa criou a comunidade "Vida de ACS" no Facebook. Tudo foi preparado para enaltecer o trabalho desses profissionais, como

---

36 AGÊNCIA da Saúde. ACS e ACE são fundamentais no combate à Covid-19. **Ministério da Saúde**, 4 out. 2020. Disponível em: https://aps.saude.gov.br/noticia/9996. Acesso em: 12 jun. 2021.

37 Pedro Pereira, fundador da ePHealth, em entrevista concedida ao autor em 6 jan. 2021.

MÁQUINA DE AQUISIÇÃO DE CLIENTES

o avatar do grupo, que era a imagem de um super-herói, buscando resgatar a autoestima deles. O grupo cresceu organicamente, com posts alcançando 500 mil pessoas. Um número impressionante!

Ao perceber a oportunidade de falar diretamente com esses profissionais, a ePHealth investiu nessa comunidade trabalhando com regularidade nos posts, gerando mais conteúdo para conversar e debater assuntos e envolvendo cada vez mais gente. O sentimento de causa, tocando a emoção das pessoas e levantando a bandeira da importância desse profissional, foi fundamental para que os participantes se sentissem quase que convocados a participar. Tirou um grito da garganta.

Voltando para o aplicativo, a ideia da empresa era vendê-lo para o poder público como uma solução completa de gestão dos dados coletados pelos agentes. Porém, se depararam com um problema: a resistência dos próprios agentes que enxergavam ali uma maneira de serem controlados. A ePHealth então mudou a sua estratégia: além de oferecer o aplicativo gratuitamente como ferramenta de apoio ao trabalho do agente comunitário, também contou com a ajuda da comunidade que já havia sido criada para afastar esse preconceito, agindo como principal canal de divulgação do aplicativo. Até o momento em que este livro foi escrito, mais de 32 mil profissionais oficiais do Ministério da Saúde já usam o aplicativo, em mais de 3.700 cidades brasileiras.[38] A empresa, em conjunto com a comunidade, converteu a principal pedra do sapato em defensores ativos, pessoas que prontamente recomendam aos colegas e fazem o produto crescer.

E mais: a própria comunidade passou a dar *inputs* diretos para o desenvolvimento do aplicativo. A empresa não faz o que acha que vai dar certo, ela atualiza de acordo com o que o público demanda e muito disso vem dos aprendizados valiosos criados com a relação transparente entre os membros da comunidade.

O trabalho da ePHealth mostra o poder das comunidades. Elas ajudam não só na divulgação como apenas uma estratégia de marketing, mas também nas melhorias que o aplicativo pode ter, atraindo ainda mais pessoas em busca da mesma solução.

----

38 Números apurados pela ePHealth.

PRÁTICAS DE MARKETING PARA COMPOR OS PASSOS INICIAIS DO FUNIL

EXERCÍCIO PRÁTICO
De que maneira você usaria comunidades em sua empresa?

Opção 1:

Objetivo principal:
( ) Atrair ( ) Converter ( ) Relacionar ( ) Vender

Opção 2:

Objetivo principal:
( ) Atrair ( ) Converter ( ) Relacionar ( ) Vender

10. PROSPECÇÃO DE CONTATOS

Prospectar contatos é ir atrás do cliente, estreitando o relacionamento em direção à venda. Não é necessariamente uma prática de marketing, sendo comumente responsabilidade do time de vendas. De qualquer forma, achei interessante trazê-la aqui porque pode ser usada em suas estratégias como parte das primeiras etapas do funil ao fazer a atração inicial.

O começo da minha vida profissional foi fazendo vendas. Primeiro em lojas e depois venda corporativa. Neste último caso, era costume prospectar clientes consultando a lista telefônica, onde se buscava o

MÁQUINA DE AQUISIÇÃO DE CLIENTES

contato de algumas empresas do segmento desejado para ligar e tentar marcar uma reunião. Esse formato é chamado no mundo de vendas de *cold call* (ligação fria), dado que ainda não há nenhum relacionamento entre as partes.

Com a internet e as redes sociais, veio outra maneira de prospectar contatos. Agora, usar as ferramentas de *social selling*, técnica em que você usa as redes sociais, como o LinkedIn, para se aproximar dos clientes e promover vendas, permite uma capacidade de segmentação mais profunda, auxilia no entendimento do "para quem estou vendendo" e possibilita formas de contato mais assertivas, com mensagens diretas. Assim, as redes trazem essa oportunidade de contato e cabe ao vendedor ir atrás da venda.

Uma possibilidade que fica no meio do caminho entre uma abordagem mais direta (outbound) e uma estratégia mais sutil e dependente de permissão (o inbound), é conseguir dados mais ricos em escala. Há quem compre listas de contatos, há quem faça o chamado *scraping*, que é a extração em escala de dados de uma fonte pública na internet (como sites, perfis no LinkedIn etc.). Nesse contexto, é interessante reforçar que há a opção de colher o dado e já tentar abordar comercialmente, mas há também a possibilidade de subir essa lista em uma ferramenta de anúncios e trabalhar a mensagem de maneira direcionada para "esquentar" esse público antes de uma abordagem direta.

Quando olhamos para o funil, a prospecção pode servir como atração (quando a intenção é só pegar uma lista de contatos e direcionar os anúncios), mas seu papel mais comum é de uma abordagem em vendas, fazendo o cliente andar mais rápido pelo funil.

Como toda estratégia de vendas, a prospecção de contatos não garante vendas certeiras, e é muito provável que você tome muitos nãos. Quando há um sim, portanto, ele precisa pagar a conta de todo o tempo investido nesse modelo de prospecção mais individualizado. Por isso é muito comum que esse modelo seja utilizado quando o preço do produto ou serviço é alto.

Boas práticas de prospecção de contatos

ESTUDE O SEU CLIENTE

Quanto mais estudar e conhecer o cliente, entender o estágio no funil e enxergar os problemas dele, maior a chance de conseguir ser ouvido no momento da prospecção. Isso vale tanto para a preparação prévia como também para a abordagem em si. É importante fazer muitas perguntas, ouvir e ajustar a proposta, em vez de despejar um discurso de vendas pronto que pode não ter nada a ver com a realidade do cliente.

PROVE QUE VALE A PENA SER OUVIDO

Ninguém gosta de receber abordagens toda hora ou tem um tempo infinito para atender qualquer vendedor que entre em contato. Então deve-se pensar em como provar ao cliente de que vale a pena deixar um espaço na agenda para ouvir a proposta. De que forma? Mostrando autoridade, apresentando cases de sucesso da empresa que sejam do mesmo segmento do cliente ou dando alguma dica específica e certeira que realmente ajuda a vida de quem está sendo abordado. Essas são formas de provar ao cliente que vale a pena ouvir e ganhar a sua atenção.

CUIDADO PARA NÃO INCOMODAR

Provar que deve ser ouvido não quer dizer que tem permissão para ser chato. Respeite o tempo e o desejo de quem está sendo abordado caso escute um não. Forçar a barra e ser insistente demais pode prejudicar a reputação da marca e irritar muito o cliente.

CASE:
SAMBATECH: TRABALHO PERSONALIZADO PARA CADA CLIENTE

A Sambatech nasceu em Belo Horizonte, em 2004, oferecendo soluções digitais para vídeos. Logo no começo, o departamento comercial era formado por duas pessoas: o fundador da empresa, Gustavo Caetano,[39]

---

[39] Gustavo Caetano, fundador da Sambatech, em entrevista concedida ao autor em 8 jan. 2021.

MÁQUINA DE AQUISIÇÃO DE CLIENTES

e um estagiário. Com o passar do tempo, Caetano entendeu como se beneficiar da prospecção ativa para trazer mais clientes e como isso ajuda no crescimento e fortalecimento da empresa.

O começo da Sambatech, como o de qualquer empresa, foi bastante rudimentar. Eles selecionavam algumas empresas que queriam alcançar e prospectavam contatos de todas as maneiras para chegar a uma reunião. Um dos primeiros casos interessantes foi com a rede de televisão Bandeirantes. O Gustavo tentou adivinhar combinações e mandou e-mails para diversos endereços potenciais dentro da empresa. Um deles funcionou e o levou a uma apresentação para a diretora de TI da emissora, que acabou fechando com a empresa.

A estratégia que se seguiu é conhecida como pinos de boliche – depois de derrubar um, continuamos a sequência para derrubar todos. Isso significa que a entrada em um *player*, a construção de case e os aprendizados sobre o segmento são usados para conseguir contatar de forma mais fácil outros clientes da mesma área. Foi assim que depois da Band, conseguiram fechar também com SBT, Globo, Record, Grupo Abril e IG – os maiores e mais tradicionais *players* de mídia da época.

À medida em que a empresa foi crescendo, também foi entrando em novos mercados, e assim criaram uma estrutura mais robusta de prospecção, com mais gente especializada, alterando a escala. Assim, começaram também a trabalhar com um volume mais significativo.

A empresa também apostou muito em redes socias, produção de conteúdo e na boa presença digital. Isso é acompanhado pela força da própria imagem do Gustavo, um grande influenciador digital. Esse trabalho torna a prospecção mais fácil e efetiva e aumenta a chance de a empresa ser bem recebida.

Hoje a Sambatech tem um time que trabalha com prospecção ativa, com foco em empresas de médio e grande porte. O que mais deu certo foi entender como prospectar no LinkedIn, trabalhando em uma proposta personalizada, mais assertiva e estratégica no lugar de mandar as mesmas mensagens iguais para todo mundo. Antes de qualquer contato, a equipe estuda muito a pessoa e a empresa a serem abordadas. Na mensagem, referencia artigos que a pessoa escreveu, notícias

PRÁTICAS DE MARKETING PARA COMPOR OS PASSOS INICIAIS DO FUNIL

veiculadas sobre a empresa, coisas que façam a mensagem ser muito mais sobre o cliente e menos sobre a Sambatech.

A equipe também aprendeu como trabalhar o inbound na realidade da empresa com filtros mais rígidos na qualificação de contatos e ajudando na construção de marca, algo que facilita a prospecção. Esse trabalho tornou a empresa mais conhecida no mercado e com uma receptividade muito maior nas reuniões iniciais e primeiros contatos, conseguindo, assim, manter um bom ritmo de aquisição de clientes.

EXERCÍCIO PRÁTICO

De que maneira você usaria a prospecção de contatos em sua empresa?

Opção 1:

_____
_____
_____
_____

Objetivo principal:
( ) Atrair ( ) Converter ( ) Relacionar ( ) Vender

Opção 2:

_____
_____
_____
_____

Objetivo principal:
( ) Atrair ( ) Converter ( ) Relacionar ( ) Vender

11. PROGRAMAS DE INDICAÇÃO

Indicar algo que experimentou e gostou é um gesto natural do ser humano. Todo mundo já fez isso pelo menos uma vez na vida. Os programas de indicação usam esse comportamento para aumentar as vendas. É o já conhecido boca a boca, mas aprimorado com técnicas que permitem otimizá-lo e controlá-lo, em vez de esperar resultados passivamente. Como isso acontece? Ativando as indicações e criando contextos que incentivem um cliente indicar outro de maneira fácil e que também recompense o cliente indicador de alguma forma.

De maneira geral, o foco de um programa de indicação tem a ver com atrair. Mas como a indicação é feita para quem realmente se interessaria pelo produto, é muito provável que o ciclo de venda seja curto e acelerado, levando rapidamente para a venda. **O cliente indicador acaba sendo responsável por passar confiança e ensinar, pulando etapas do funil e demandando menos relacionamento por parte da empresa no processo.**

Para que essa estratégia tenha sentido, é preciso entender que existem produtos mais indicáveis que outros. Em geral aquilo que é mais inovador, diferente ou que resolve problemas claros tende a virar assunto mais facilmente e são, portanto, melhores para serem indicados. Quando o produto resolve algum problema que tende a ser mais privado ou é muito complexo, é pouco comum a indicação acontecer.

Boas práticas em programas de indicação

ATIVE OS CLIENTES SATISFEITOS

Um programa de indicação só tem sucesso se a empresa tiver em sua base clientes satisfeitos. Por isso, é importante conhecer o NPS (*Net Promoter Score*) da empresa. Essa metodologia serve para avaliar a satisfação do cliente e o impacto dela na divulgação do seu produto. Basicamente, devemos fazer aos clientes a pergunta: "Qual a probabilidade de você recomendar nosso produto/serviço/empresa a um amigo?", com opções de respostas indo de 0 a 10.

Os clientes que responderam com a nota 9 ou 10 são considerados promotores, aqueles que estão totalmente satisfeitos com

PRÁTICAS DE MARKETING PARA COMPOR OS PASSOS INICIAIS DO FUNIL

o que adquiriram; as notas 7 e 8 são dos clientes neutros e quem escolhe de 0 a 6 faz parte dos detratores, que provavelmente falam mal da empresa.

Esse resultado permite entender o que os clientes pensam do produto ou serviço e ativar desde já os satisfeitos para que indiquem a empresa. Para os demais, é momento de trabalhar a satisfação. É importante conversar, entender os pontos de melhoria necessários e se preparar para entregar uma experiência melhor, convertendo-os para satisfeitos e, então, aumentar as suas chances de ser indicado.

SEJA CRIATIVO NA RECOMPENSA

Para definir a recompensa que dará aos clientes indicadores, avalie o seu CAC. Não adianta oferecer algo muito caro se você não tem dinheiro para isso e a conta não fechar. Por isso é importante ser criativo e pensar em maneiras de gerar valor e ao mesmo tempo economizar.

Um brinde diferente e exclusivo, uma mentoria, um *upgrade* no produto já adquirido, um e-book, um acesso a funcionalidades exclusivas de determinado programa, isso tudo pode ser atrativo para o indicador e ainda ter custo baixo de entrega. Outra coisa interessante é pensar em uma recompensa também para quem é indicado e aceita conhecer o produto. Isso mostra a atenção e o comprometimento da empresa em atender bem todas as pontas, mais um fator que ajuda a melhorar a satisfação do cliente.

FAÇA A AVALIAÇÃO E O PEDIDO EM MOMENTOS DE ALTA

A chance de um cliente indicar o serviço é muito mais alta quando ele tem um sentimento positivo em relação à marca. Isso pode acontecer quando ele acabou de comprar, quando terminou de implantar a ferramenta, quando fez a primeira venda depois da consultoria... É importante mapear esses momentos de alta felicidade com a solução e usá-los para pedir a indicação.

Eventualmente, é possível também criar esses momentos-chave, fazer algum tipo de surpresa: na entrega do produto, colocar um cartão ou dar um bônus, por exemplo, pode causar o efeito de encanto e, portanto, a vontade de compartilhar.

MÁQUINA DE AQUISIÇÃO DE CLIENTES

CASE:
INDICAÇÕES COM A DROPBOX

A Dropbox, empresa de armazenamento de dados e arquivos digitais, tem boa parte do seu crescimento apoiado em seu programa de indicações. Ele é genial e, ao mesmo tempo, simples e óbvio. A qualquer cliente, a empresa disponibiliza uma versão gratuita com uma capacidade de armazenamento limitada. Caso necessite de um espaço maior, precisa pagar por isso.

O seu programa usa essa necessidade para atrair indicações. Quando um cliente indica um amigo e ele começa a usar o produto, ambos ganham mais uma determinada quantidade de armazenamento grátis. Só depois disso, o cliente paga pelo serviço e a empresa monetiza. O benefício não custa muito para a empresa e está diretamente conectado com o uso do produto e o problema que ele resolve.

Eles souberam explorar o programa, colocando a possibilidade de convite já nos primeiros passos de uso e tornando o processo bastante simples: com um botão você copia o link, manda um e-mail ou compartilha em redes sociais. Essa implementação fez com que a empresa saltasse de 100 mil usuários em 2008 para impressionantes 4 milhões de usuários em 2009.[40] Esse número continuou crescendo de maneira muito natural ano a ano e, ainda hoje, cerca de 35% dos novos cadastros vêm do poderoso programa de indicações.[41]

---

40 DROPBOX grew 3900% with a simple referral program. Here's how! **Viral Loops**, 18 jun. 2019. Disponível em: https://viral-loops.com/blog/dropbox-grew-3900-simple-referral-program/. Acesso em: 17 jun. 2021.

41 THE VALUE and benefits of customer referrals. **PlanPlus Online**, [S.d., s.l.]. Disponível em: https://www.planplusonline.com/benefits-customer-referrals/. Acesso em: 17 jun. 2021.

EXERCÍCIO PRÁTICO

De que maneira você usaria programas de indicação em sua empresa?

Opção 1:

_____

_____

_____

_____

Objetivo principal:
( ) Atrair ( ) Converter ( ) Relacionar ( ) Vender

Opção 2:

_____

_____

_____

_____

Objetivo principal:
( ) Atrair ( ) Converter ( ) Relacionar ( ) Vender

12. E-MAIL MARKETING E AUTOMAÇÃO

Não é difícil ouvir alguém dizendo que o e-mail marketing morreu. Na verdade, por algum motivo, as pessoas estão o tempo todo matando algum canal: já ouvi o mesmo a respeito de SEO, das redes sociais e até mesmo de conteúdo.

Mas a história não é bem assim. O e-mail marketing é uma das práticas mais antigas e bem estabelecidas de marketing digital. A partir do momento em que o e-mail foi criado, inventou-se também uma maneira de o explorar comercialmente. E ele dá certo porque a

MÁQUINA DE AQUISIÇÃO DE CLIENTES

criação de um e-mail é, provavelmente, um dos primeiros passos de qualquer pessoa ao começar a utilizar a internet. Para se cadastrar em um serviço, usar uma rede social ou comprar em um e-commerce, o e-mail é sempre obrigatório. Para convites de reuniões, recebimento e envio de documentos importantes, praticamente sempre o e-mail é o canal. Mais do que isso, com o e-mail eu posso fazer uma comunicação totalmente personalizada, específica, com informações de cada pessoa que está recebendo, como o nome e os interesses.

É importante entender, então, que o canal continua sendo utilizado e, se ele não está funcionando, o problema está muito mais em como ele está sendo trabalhado do que com o canal em si. No começo, quando as pessoas recebiam poucas mensagens, era até legal receber algo diferente. E foi daí que surgiram os abusos, como compra de listas de e-mail e envios em massa para pessoas que nem conheciam o serviço. A mentalidade era de que se uma parte pequena dessa lista comprar, já valeu a pena.

No entanto, quando o e-mail se popularizou e o volume de mensagens explodiu, a eficácia desse tipo de abordagem caiu significativamente por diferentes motivos. Um deles é que o próprio consumidor começou a se irritar com a conduta invasiva, passou a abrir menos as mensagens de quem não conhecia e que não pareciam interessantes. Outra é que os serviços de e-mail começaram a combater muito essa prática, tentando identificar mensagens não desejadas e direcionando-as para a caixa de spam.

Daí vieram os algoritmos dos serviços de e-mail para ajudar a filtrar melhor, usando a reação dos próprios usuários para saber quem se interessa pela mensagem. Se as mensagens de um remetente são sempre abertas, clicadas, respondidas ou encaminhadas, a sinalização é positiva, a reputação aumenta e as mensagens são entregues sem cair no spam. Se a mensagem não é muito aberta e nem clicada, se as pessoas não respondem, não encaminham, marcam como spam, a sinalização é negativa, a reputação diminui e a mensagem é entregue para cada vez menos gente.

A automação de marketing é uma prática que pode facilitar essa entrega e tornar a comunicação mais efetiva. É possível atribuir o envio de e-mail a informações e gatilhos: se a pessoa clicou em um link, vai receber uma coisa, se clicou em outro, recebe outra. Se ela preencher no formulário que ocupa o cargo X, pode receber um conteúdo diferente de quem ocupa o cargo Y. Se ela visitou páginas sobre um assunto, pode receber e-mails sobre esse mesmo assunto. Isso tudo possibilita entregar mensagens mais relevantes e sinaliza positivamente aos serviços de e-mail, o que evita cair no spam. É possível criar sequências longas e deixar os intervalos entre cada mensagem pré-programados.

Por conta dessas características, **é uma ferramenta muito poderosa para identificar a etapa em que o cliente se encontra na jornada de compra e permite entregar exatamente o conteúdo que ele precisa para dar os próximos passos**. O cliente não precisa receber o conteúdo que você acabou de lançar, ele precisa receber o conteúdo certo para o momento em que se encontra.

Já em relação ao funil, o e-mail marketing é focado, majoritariamente, na construção de relacionamento. É um canal que permite também a venda, porém, se o foco é na venda e tem uma abordagem puramente comercial, a tendência é que em pouco tempo as pessoas se cansem, parem de interagir e o canal passe a não funcionar. Para entrar com a venda é preciso entender os sinais dos momentos do cliente na jornada de compra, além de pegar leve na frequência dos e-mails.

Com a minha experiência, vejo que são poucos os tipos de negócio que não conseguiriam se beneficiar do e-mail marketing. A única contraindicação mesmo é quando não se tem conteúdo relevante e entendimento claro da jornada. Se você não conseguir criar ou fazer curadoria de coisas interessantes para o seu público, o canal não vai funcionar.

Boas práticas em e-mail marketing

PLANEJE BEM A FREQUÊNCIA E NÃO PERMITA EXCESSOS

Como eu já falei, um grande volume de envios incomoda os usuários. Eu sei que todos querem entregar o conteúdo, todos querem fazer mais vendas. Mas se o caminho escolhido for forçar mais e mais envios de e-mails, o que vai acontecer é justamente o contrário. Monte um calendário de envios e garanta que as mensagens estejam razoavelmente espaçadas.

UMA COISA POR VEZ FACILITA PARA O USUÁRIO

Temos a tendência natural de achar que quanto mais opções damos, mais resultados vamos gerar. Mas, nesse canal, o que acontece é o contrário. No livro O paradoxo da escolha,[42] o autor Barry Schwartz diz que quando temos muitas escolhas, em vez de termos uma sensação de prazer, ficamos, na verdade, com medo. Nós tememos tomar uma decisão e escolher o produto que eventualmente pode não ser o melhor e, como resultado, paralisamos e acabamos não fazendo nada. É o que acontece quando oferecemos muitas opções para o cliente. Ele não consegue acompanhar e acaba não tomando nenhuma atitude diante de tudo aquilo. E isso é tudo o que você não quer.

Eu já fiz diversos testes com envios de e-mail e, embora isso não seja uma regra e tenha que ser testado em diferentes públicos e contextos, sempre vi que um único conteúdo tem taxas de cliques muito superiores do que várias opções. Diante disso, o planejamento, que falei na dica anterior, deve ser muito bem feito. Não deixe essa etapa de lado!

PERSONALIZAÇÃO (E SEGMENTAÇÃO)

Para que exista interação, o e-mail precisa ressoar. Quando alguém recebe e abre a mensagem precisa sentir que aquilo foi feito especificamente para ela.

Personalizar com o nome, mencionar o cargo ou segmento de atuação da pessoa, falar sobre a cidade em que mora ou algo assim, são técnicas que ajudam a aproximar o cliente e boa parte das ferramentas de e-mail marketing oferecem essa opção. No entanto, saindo da operação e pensando de uma forma estratégica, mais do que só inserir uma variável personalizada, o trabalho de personalização mais impactante é segmentar a base. **Segmentar significa entender os diferentes perfis e interesses, criar classificações e enviar mensagens específicas para cada grupo.** Às vezes até o produto ou conteúdo que você vai indicar é o mesmo, mas a linguagem e os argumentos utilizados para convencimento podem variar muito de grupo para grupo.

---

42 SCHWARTZ, B. **O paradoxo da escolha**: por que mais é menos. São Paulo: A Girafa, 2004.

Imagine que eu envie um e-mail marketing para promover este livro, por exemplo. A forma de falar com um CEO e os argumentos que eu usaria para ele comprar a obra não são os mesmos que eu usaria para vender a um analista de marketing. Por isso, é tão importante segmentar e criar mensagens separadas de acordo com o público. Com a mesma oferta, eu atinjo diferentes grupos e consigo ainda criar uma relação próxima com cada um deles.

NÃO ADIANTA MANTER UMA LISTA ENORME

As pessoas que trabalham com marketing gostam de se gabar que possuem uma lista grande de e-mails, mas pouco se discute sobre o engajamento da lista. Ela pode até ter muitos contatos, mas todos abrem as mensagens recebidas? Pode ser que uma parcela já esteja enjoada desse tipo de e-mail ou que tenha deixado um contato que não usa mais. As listas se deterioram com o tempo e isso é mais comum do que se imagina.

Enviar mensagens para e-mails que não existem mais é uma forte sinalização para os serviços de e-mail de que não existe de fato um relacionamento próximo com essas pessoas e que o envio provavelmente é spam. Enviar mensagens para pessoas que não interagem também é um sinal muito negativo. É por isso que uma boa prática é, periodicamente, entre três e seis meses, fazer uma limpeza na base. Excluir dos disparos as pessoas que não tiveram nenhuma interação ajuda a manter sua reputação limpa e a chegar nas pessoas que realmente querem receber o conteúdo.

TOME CUIDADOS TÉCNICOS

Há alguns detalhes mais técnicos que impactam a capacidade de entrega ou os resultados de campanhas com e-mail marketing. São cuidados simples que fazem a diferença. Por exemplo, priorizar o uso de HTML em vez de imagens. Ainda é comum encontrar quem crie a peça toda como uma imagem e envie assim aos clientes, quando, na verdade, os resultados são muito melhores se usarmos um HTML bem estruturado, com textos visíveis, clareza na localização dos links e com uma mensagem que será entendida mesmo que a imagem não carregue. A maioria das ferramentas de envio de e-mail tem bons templates para facilitar edição e para você não precisar se preocupar com o código. Também é indicado o uso de imagens leves, com, no máximo, 100kb. Isso é requisito para os serviços de e-mail e facilita muito no carregamento. Mesmo pessoas com acesso a uma internet ruim conseguem abrir mais rápido se as imagens são leves.

Outro cuidado é com os IPs compartilhados. Os e-mails disparados por ferramentas de e-mail marketing muitas vezes são enviados de um mesmo IP, que é como um endereço. O que acontece é que, se uma empresa que utiliza muito e-mail marketing manda muito spam, a reputação diminui e afeta todos os outros que compartilham esse IP. Vale um cuidado especial nesse quesito, principalmente com ferramentas gratuitas. Entre em contato com o desenvolvedor, entenda como é feita a divisão e agrupamento de IPs, quais são as políticas para compartilhamento e saiba de que formas é possível garantir uma boa reputação.

CERTIFICAÇÕES

Infelizmente o e-mail marketing é um canal em que golpes são comuns. Pessoas se passam por outras, tentam roubar dados ou conseguir depósitos financeiros. Por isso, surgiram algumas entidades focadas na segurança e proteção antifraude. Fazer certificações que garantam que o endereço de envio é realmente da empresa e que a mensagem é genuína aumentam muito a entregabilidade. Entre as certificações mais conhecidas estão DMARC, SPF e DKIM. Vale a pena se informar para saber como obtê-las e melhorar a performance da sua estratégia.

REVISE O E-MAIL

Perceber que passou um erro, seja uma palavra errada, uma frase que não soou muito bem ou até um link quebrado, depois que o e-mail foi enviado, não adianta. Não há o que fazer: a mensagem já se multiplicou na sua base e todos a receberão. Não há como corrigir. Por isso, crie um checklist e leve-o a sério, lembrando de revisar o texto, os links e todas as imagens antes de clicar em "enviar". Infelizmente já enviei diversos e-mails com erros e não é nada agradável.

PRÁTICAS DE MARKETING PARA COMPOR OS PASSOS INICIAIS DO FUNIL

TESTE MUITO!

Teste variações na frequência, no tipo de conteúdo, no assunto (que tem uma relevância enorme na hora do usuário decidir se abre o e-mail ou não), no horário de envio. Cada público tem um comportamento e você só vai descobrir o que funciona melhor para cada um se testar.

CASE:
CS ACADEMY E OS E-MAILS DE OLHO NO PERFIL DE CADA CLIENTE

A nova economia digital demandou, rapidamente, profissionais que ainda não tinham formação específica para atuar nesse segmento. As empresas foram se adaptando ao mesmo tempo em que buscavam o conhecimento adequado para entrar de vez nesse jogo. Foi neste contexto que surgiu a CS Academy, empresa educacional focada em Customer Success (assunto que discutimos no Capítulo 2). Para crescer, no início a empresa se baseou em compra de anúncios e prospecção diretamente no LinkedIn. Pouco depois, porém, deu início a um processo de atração inbound, com conteúdo e captação de contatos.

Com isso, o processo de relacionamento ganhou relevância, pois as comunicações passaram a ser enviadas por e-mail com automação segmentada por persona. Para conseguir essa assertividade, a página de conversão da CS Academy tem, por exemplo, no formulário, dados como cargo e área de atuação, e isso serve para filtrar qual tipo de material cada cliente deve receber e conduzi-lo para um produto específico. Há versões de cursos para analistas e para gestores, além da opção de aceleração, que serve como continuidade para quem já concluiu os cursos.

Cada cliente recebe, em média, três e-mails, em que são oferecidos alguns conteúdos prévios do curso, gerando um desejo maior de consumo. No fim desse fluxo, é oferecida a venda dos cursos e, logo na sequência, as pessoas passam a receber a newsletter, que inclui tantos conteúdos criados pela CS quanto uma curadoria de bons artigos de outras fontes. Nesse processo, são indicadas

MÁQUINA DE AQUISIÇÃO DE CLIENTES

também as redes sociais da empresa e há um investimento complementar em *retargeting* (falamos sobre ele na prática 3 – compra de mídia on-line), fortalecendo a proximidade e garantindo outros canais de contato.

O e-mail atua também como um bom plano de fuga. Sempre que os números não estão bons em vendas e a empresa precisa acelerar, aposte em uma mensagem para a base, seja anunciando uma promoção ou apresentando algum conteúdo que gere desejo pelos cursos.

Claro que essa trajetória não foi sempre tranquila. Diego Azevedo, CEO da CS Academy,[43] conta que eles também erraram muito. Em alguns momentos, no desespero de acelerar os resultados, já chegaram a enviar um mesmo e-mail para a base toda, com uma oferta que desconsiderava o perfil e momento de compra de cada contato. Como resultado, mesmo perfis engajados acabaram cancelando a assinatura e saindo da lista. Com isso, a empresa entendeu que é melhor manter o foco do que sair atirando para todos os lados. Com calma e um bom trabalho, em um momento ou outro os engajados convertem.

Para Diego, fazer o mapeamento de persona e usar isso da maneira correta se torna crucial tanto em campanhas de anúncios quanto no relacionamento com e-mail e automação. A CS Academy tem taxas altíssimas de aberturas e cliques justamente pela personalização e por dedicar tempo para enviar o conteúdo correto para cada perfil. Para eles, é muito importante o cliente voltar e comprar outros cursos, além de indicar para amigos, fazendo da estratégia de relacionamento um investimento fundamental. No ano de 2020, a empresa cresceu quatro vezes e 40% das vendas vieram dos e-mails. Essa é a maior prova de que o papo de que ninguém mais abre e-mail e que e-mail marketing é ultrapassado não é real. Com um trabalho baseado em segmentação e com os cuidados mostrados, que são importantes de serem seguidos, essa prática ainda traz ótimos resultados.

---

43   Diego Azevedo, CEO da CS Academy, em entrevista concedida ao autor.

PRÁTICAS DE MARKETING PARA COMPOR OS PASSOS INICIAIS DO FUNIL

EXERCÍCIO PRÁTICO

De que maneira você usaria e-mail marketing e automação em sua empresa?

Opção 1:

Objetivo principal:
( ) Atrair ( ) Converter ( ) Relacionar ( ) Vender

Opção 2:

Objetivo principal:
( ) Atrair ( ) Converter ( ) Relacionar ( ) Vender

13. MÍDIAS SOCIAIS

Facebook, Instagram, Twitter, YouTube, Tiktok, LinkedIn. Não faltam exemplos de redes que invadiram a nossa vida e dominaram parte importante do nosso tempo. Nelas qualquer um pode criar uma audiência e é pela soma desses fatores que o canal costuma ser um queridinho de quem pensa em marketing digital.

O surgimento das redes sociais foi, sem dúvida, um grande marco na evolução da internet. A possibilidade de se conectar, conversar e acompanhar de perto amigos e familiares, celebridades, conhecer pessoas novas,

MÁQUINA DE AQUISIÇÃO DE CLIENTES

vivenciar comunidades etc. é muito transformador. E para as marcas não é diferente. Construir uma audiência, participar de conversas, beneficiar-se da facilidade de compartilhamento e interação são pontos muito valiosos.

Podemos falar de mídias sociais em três grandes contextos: o de construção de audiência (pessoas que se conectam à marca e recebem os posts), o de acesso pago à audiência (anúncios on-line, que já falamos aqui) e o de ser parte das conversas de outras pessoas (incentivar o compartilhamento, monitorar opiniões do público). As três têm bastante valor e em todos esses contextos o foco é, majoritariamente, em relacionamento. **Se usamos o espaço para fazer uma abordagem muito comercial o tempo inteiro, o que acontece é que as pessoas se cansam, param de interagir e o algoritmo acaba não entregando a mensagem para muita gente.** Na verdade, quando o tom é muito comercial, o problema já acontece antes, com poucas pessoas querendo seguir determinado perfil e com dificuldade em crescer a base de seguidores.

Também dá para pensar nas mídias sociais como um canal de atração, mas para isso é preciso que exista investimento em anúncios ou que os próprios seguidores compartilhem organicamente os posts nas redes deles, o que demanda um tipo de conteúdo mais adequado para esse propósito. Até pode acontecer de o algoritmo dar destaque para a página e apresentar o post a alguém que não o segue ainda, mas é difícil contar com isso.

Como a abordagem mais comum é a de relacionamento e ele tem o conteúdo como base, praticamente tudo o que já falamos a respeito de conteúdo cabe aqui: foco no longo prazo, investimento real em fazer bem feito e criação de um conceito mais emocional caso a venda seja muito simples. Se não for isso que sua empresa busca ou se ela não tem capacidade de olhar por esse ângulo, é pouco provável que as mídias sociais se tornem um canal poderoso de aquisição de clientes.

Boas práticas em mídia sociais

MONITORAMENTO DE POSTAGENS E ATENDIMENTO

Uma das características mais marcantes das mídias sociais é a capacidade de espalhar uma mensagem. Existem contas com uma

PRÁTICAS DE MARKETING PARA COMPOR OS PASSOS INICIAIS DO FUNIL

audiência tão grande que, ao compartilharem um post, em pouco tempo muitas pessoas têm acesso. Isso vale para o bem, mas também para o mal. O relato de um episódio ruim de atendimento, um processo interno que não agrada aos funcionários, um produto que não funciona direito: tudo isso pode escalar e, da noite para o dia, arruinar a reputação da empresa.

Então é melhor não estar presente nas mídias sociais? Claro que não. Entenda que as pessoas já estão falando da marca, quer você queira ou não, estando presente ou não. Por isso, mesmo que entenda que esse não é um canal tão relevante para sua empresa, é preciso estar lá para acompanhar e ouvir o cliente, monitorar as respostas do público e, principalmente, resolver as objeções que aparecerem. Quanto mais levar a sério as mensagens e quanto antes for proativo e rápido em resolver os problemas que aparecerem, mais difícil vai ser comentários negativos se espalharem.

ENVOLVIMENTO E SENTIMENTO DE COMUNIDADE

Redes são um canal em que a participação do público faz muita diferença. Há métricas simples de interação, como os *likes*, mas há também os comentários e compartilhamentos. Os algoritmos privilegiam e exibem com mais frequência os conteúdos que geram mais engajamento.

Por isso, é importante ter alguns conteúdos feitos com esse propósito, como aqueles que demandam respostas, por exemplo. Mais que isso, é preciso que os posts gerem identificação, que as pessoas se conectem com a mensagem e com o sentimento embutido neles. Isso só vai acontecer se o público for bem conhecido e se há autenticidade no relacionamento com ele.

FALAR A LINGUAGEM DA REDE

É preciso entender a motivação dos usuários ao usar aquela rede e a linguagem comum por lá. Precisamos entender se é um espaço formal ou informal, se é ok ter conteúdos mais densos ou se é preciso trabalhar com conteúdos mais superficiais. Não dá para fugir muito da forma como o canal é mais usado pelas pessoas e da expectativa que elas têm. Se a ideia é usar o LinkedIn, por exemplo, sabe-se que o conteúdo deve abranger temas profissionais, dificilmente vai encontrar uma postagem com alguma piadinha ou assuntos que saiam desse contexto. Já no Instagram é importante pensar na imagem, já que ela tem um peso grande no resultado das postagens. Fazer essas análises ao construir o conteúdo é entender a rede e usá-la a seu favor.

CASE:
DECOLANDO NAS MÍDIAS SOCIAIS COM RICARDO AMORIM

O economista Ricardo Amorim é autor, palestrante e consultor. É fundamental para sua profissão que ele seja visto como uma referência e que, quando organizadores de eventos escolham os palestrantes, ele seja sempre lembrado e esteja na mente dessas pessoas. Desenvolver um relacionamento próximo e contínuo com o público faz toda a diferença e foi justamente isso que ele conseguiu usando as mídias sociais.

Como estratégia, o LinkedIn acabou sendo escolhido como seu carro-chefe, já que é uma rede focada 100% no mundo empresarial e com ótima recepção aos temas que aborda – economia, investimento, empreendedorismo e inovação. Ele espalhou seus conteúdos e foi criando conexão com o público. Apesar de ter uma evolução natural e orgânica, o economista também contou com um planejamento, colocando em prática as ações que eram identificadas como positivas. Ele percebeu, por exemplo, que os posts deveriam ser focados em entregar valor e ajudar quem está recebendo o conteúdo, saindo da linha de autopromoção que era bastante comum anos atrás. Outro ponto foi trabalhar a consistência e o volume de publicações, vendo a construção de audiência como ativo a longo prazo.

Essas práticas ajudaram e quando o LinkedIn abriu no Brasil um programa para promover influenciadores na plataforma, movimento bem-sucedido no exterior, Ricardo esteve entre os dez escolhidos, conquistando ainda mais audiência. Desde 2016 o LinkedIn publica anualmente a lista das Top Voices, as pessoas mais relevantes da plataforma, e desde então o Ricardo é figurinha carimbada.

PRÁTICAS DE MARKETING PARA COMPOR OS PASSOS INICIAIS DO FUNIL

O LinkedIn continua sendo seu canal principal, mas, ao longo do tempo, construiu também um trabalho em outras redes, como Twitter, Facebook, Instagram e YouTube. Ele vê similaridades entre as redes, consegue manter a mesma linha editorial em todas elas, mas não da mesma maneira. No Instagram trabalha com mais vídeos e imagens. No Twitter, prioriza mensagens mais curtas. No YouTube, vídeos mais longos. Há ainda dois outros investimentos: seu podcast (Economia Falada) que, em 2019, foi escolhido como o melhor podcast de negócios pela Apple; e o Medium, onde publica textos e análises mais longas. Essa adaptação do conteúdo para os formatos mais adequados e respeitando a linguagem do público em cada rede é fundamental para conseguir ser relevante e ganhar engajamento.[44]

Pelo conjunto da obra, os resultados são bastante impactantes. Há anos ele é um dos palestrantes mais requisitados do país, com agenda cheia o ano inteiro, Ricardo vê a presença digital impactar positivamente ano após ano. As cotações por palestras vinham crescendo na casa de 9% ao ano, mas o ritmo subiu 50% nos últimos cinco anos, quando suas redes ganharam mais relevância. Em 2020 foram 2.500 pedidos de participações em eventos.

Influenciador mais popular no LinkedIn Brasil em 2020, com 2,3 milhões de seguidores,[45] ele conta que é mais comum ser abordado nas ruas por gente que menciona o LinkedIn do que por gente que menciona sua constante presença na televisão. E olhando para o alcance das publicações, faz sentido. Só no LinkedIn ele alcança mensalmente 100 milhões de visualizações. Números realmente bem expressivos e que ajudaram a alavancar a carreira do economista ao longo dos anos.

---

44 Ricardo Amorim em entrevista concedida ao autor em 12 jan. 2021.

45 KATO, R. LinkedIn Top Voices 2020: Influencers Brasil. **LinkedIn**, 17 nov. 2020. Disponível em: https://www.linkedin.com/pulse/linkedin-top-voices-2020-influencers-brasil-rafael-kato. Acesso em: 12 jun. 2021.

MÁQUINA DE AQUISIÇÃO DE CLIENTES

EXERCÍCIO PRÁTICO

De que maneira você usaria as mídias sociais em sua empresa?

Opção 1:

_____

_____

_____

_____

Objetivo principal:
( ) Atrair ( ) Converter ( ) Relacionar ( ) Vender

Opção 2:

_____

_____

_____

_____

Objetivo principal:
( ) Atrair ( ) Converter ( ) Relacionar ( ) Vender

14. MENSAGENS DE TEXTO E APLICATIVOS DE MENSAGENS

Do surgimento do SMS passando para os dias atuais com o WhatsApp e sua alta adesão no país, as trocas de mensagens se tornaram uma forma de comunicação simples e efetiva, ganhando a preferência de muita gente. As empresas também veem nesse canal uma forma de se comunicar com seu público. E de fato é, mas com muitos cuidados e provavelmente de uma maneira muito diferente do que a maioria das pessoas instintivamente pensa e faz.

Além do WhatsApp, temos outros três tipos de mensagens muito utilizados no Brasil. São eles: SMS, Facebook Messenger e Telegram.

PRÁTICAS DE MARKETING PARA COMPOR OS PASSOS INICIAIS DO FUNIL

A grande vantagem deles é o hábito das pessoas olharem muito para o celular e acompanharem as notificações, o que gera um altíssimo engajamento. Pode funcionar bem para a etapa de relacionamento no funil, desde que as mensagens tenham um bom contexto e sejam personalizadas e adequadas ao momento do cliente na jornada. Também pode funcionar para a etapa de vendas, mas para acontecer esse canal é preciso contar com um bom trabalho anterior de atração, construção de relacionamento e identificação do momento da venda. Não adianta tentar, por exemplo, atrair pelo WhatsApp. Ser abordado por alguém que você não conhece e nunca se relacionou é extremamente inconveniente, principalmente para uma venda.

Entre as funções oferecidas atualmente, o WhatsApp e o Telegram saem na frente por oferecerem mais opções, entre elas a criação de grupos. Eles são mais uma maneira de trabalhar suas estratégias, porém, quando se tem uma variedade muito grande de perfis ou um portfólio grande de produtos, fica mais difícil conseguir algo que agrade o grupo todo. **Para tornar esse uso mais efetivo, é necessário separar a base por segmentos e criar grupos específicos, direcionando mensagens ou produtos de acordo com o perfil ou momento de cada um.** Já vou avisar que isso dá muito trabalho, mas sem esse esforço dificilmente a estratégia vai funcionar.

Já para as mensagens one-on-one, quando a interação é individualizada, é difícil construir relacionamentos verdadeiros com automação, por isso é importante entender se haverá pessoas para trabalhar isso, tendo em mente que envolver mais gente eleva o custo de aquisição. Isso só vai fazer sentido se o ticket do produto for um pouco mais alto.

Considero essas estratégias válidas, mas ambas – tanto grupos quanto mensagens individuais – precisam ser bem estudadas e planejadas. Do contrário não surtirão os retornos necessários.

Boas práticas em mensagens de texto

FACILITE O CONTATO COM O CLIENTE

Sabe o que é tão ruim quanto entrar em uma loja e já ser abordado por um vendedor empurrando produtos? Precisar de ajuda e não ter a quem

MÁQUINA DE AQUISIÇÃO DE CLIENTES

chamar. É por isso que uma das boas formas de utilizar o WhatsApp e outros aplicativos de mensagens é deixando disponível e visível o número para atendimento – se for um link ou botão já com o número para cair direto no envio da mensagem, melhor ainda.

SEMPRE CONSIGA A AUTORIZAÇÃO ANTES

Não coloque alguém em um grupo sem permissão da pessoa. Não envie mensagens enlatadas e fora de contexto para quem não autorizou o recebimento. Antes de incluir um cliente em um grupo, pergunte se há interesse dele e se ele autoriza ou, melhor ainda, disponibilize o link para ele mesmo clicar e entrar caso queira. Quando uma empresa faz a abordagem e inclusão sem qualquer cuidado, o efeito pode ser o contrário: em vez de estimular vendas e criar um relacionamento, irá ganhar a antipatia do cliente.

CUIDADO COM O VOLUME E RELEVÂNCIA DAS MENSAGENS

Um dos pontos que mais faz o canal valer é a geração de notificações na tela do usuário. Sabe o que acontece se você envia mensagens demais ou começa a enviar conteúdo que não são muito interessantes para o cliente? Ele desativa as notificações e os resultados caem significativamente. Mande só aquilo que é realmente incrível. Se você tiver dúvidas, é melhor se preservar até ter um conteúdo interessante.

CASE:
STARTSE E O TELEGRAM COMO FERRAMENTA DE VENDAS

A StartSe, plataforma de educação em negócios, sempre teve sua estratégia de marketing baseada em conteúdo, compra de mídia e outras práticas. Em março de 2020, no entanto, vendo um boom de empresas usando de maneira mais forte o Telegram, decidiu se aventurar por lá também. O objetivo era aumentar os canais e probabilidades de relacionamento e entrega da mensagem. Com a competição maior em e-mail e SMS, buscaram cercar os contatos e diversificar as formas de fazer relacionamento.

PRÁTICAS DE MARKETING PARA COMPOR OS PASSOS INICIAIS DO FUNIL

Ao lançar um programa de capacitação com profissionais incríveis e referências em suas áreas, como Luiza Trajano e Nizan Guanaes, usaram o canal do Telegram como maneira de ter contato mais intimista e oferecer acesso a mais conteúdos aos inscritos. Foram mais de 100 mil pessoas se inscrevendo para o programa e, dessas, mais de 50 mil de fato entraram no canal. Era inegável que logo de cara a ideia havia dado muito certo. Se aproveitaram de um conteúdo que realmente bombou e foi muito compartilhado organicamente para criar uma audiência bastante relevante no canal.

Com um novo evento, a Silicon Valley Web Conference, criaram uma segunda onda, que bombou ainda mais. Conseguiram 350 mil inscritos e muito disso veio de um programa de indicações ativado amplamente pelos participantes do canal no Telegram.

Segundo Marcelo Pimenta, CMO da StartSe,[46] há dois grandes desafios no canal: o primeiro é provar valor antes, mostrar para as pessoas que vale a pena entrar na plataforma. O segundo é conseguir manter o engajamento. Com o tempo, é natural que mais pessoas coloquem o canal no mudo e isso afeta a entrega. O aumento da concorrência no canal também contribui para esse efeito.

Foi justamente por saber desse motivo que a empresa, antes de começar, passou quatro meses estudando a área, entendendo como outros *players* trabalhavam para então se lançar. É um canal que, sem estratégia e planejamento, não dá certo. Fazer spam, mandar mensagens aleatórias e não seguir uma linha que entregue valor real vai fazer o canal se deteriorar e se tornar inútil muito rapidamente.

No entanto, todo esse trabalho valeu a pena para a StartSe. Mesmo já sendo uma empresa sólida e com vários canais de aquisição funcionando bem, ela viu o alcance subir e o volume de vendas também. Em pouquíssimos meses, o Telegram foi responsável por quase 10% das vendas da empresa.

----

46   Marcelo Pimenta, CMO da StartSe, em entrevista concedida ao autor em fevereiro de 2021.

MÁQUINA DE AQUISIÇÃO DE CLIENTES

EXERCÍCIO PRÁTICO

De que maneira você usaria mensagens de texto em sua empresa?

Opção 1:

_____

_____

_____

_____

Objetivo principal:
( ) Atrair ( ) Converter ( ) Relacionar ( ) Vender

Opção 2:

_____

_____

_____

_____

Objetivo principal:
( ) Atrair ( ) Converter ( ) Relacionar ( ) Vender

15. OTIMIZAÇÃO DA TAXA DE CONVERSÃO (CRO)

Você deve concordar comigo que é impossível encher completamente um balde furado, certo? Nesse caso, é muito melhor tentar consertar o furo do que continuar enchendo mais. Vejo muita gente se preocupando com as etapas de atração no funil e deixando de lado a conversão, ou seja, não se preocupam em transformar os visitantes em conhecidos para fazer o relacionamento e até mesmo a venda. O CRO (*Conversion Rate Optimization* ou, em português, Otimização da Taxa de Conversão) é uma área que busca melhorar isso. **CRO é uma tentativa de compreender**

PRÁTICAS DE MARKETING PARA COMPOR OS PASSOS INICIAIS DO FUNIL

os fatores que aumentam a credibilidade ou que despertam o desejo para conseguir então taxas de conversão melhores. Ele envolve diversas áreas, desde a escrita persuasiva (*copywriting*), passando pela psicologia do usuário, análise de dados e design orientado à conversão.

Na abordagem há um misto de boas práticas (que vem, na verdade, do histórico de testes e aprendizados de outras empresas e profissionais), análise de dados (para entender onde estão os pontos de fricção) e pesquisa com o cliente ou usuário (para entender e elaborar hipóteses de como contornar os pontos de fricção encontrados). A metodologia também usa os testes A/B em que duas versões diferentes da página (ou do anúncio, do e-mail etc.) são testadas para verificar em qual delas os visitantes convertem mais. É importante que esse teste aconteça aleatoriamente entre pessoas que visitam a página no mesmo período. Isso minimiza a chance de algum fator extra influenciar os resultados, como uma campanha que está sendo lançada no dia ou a indicação de alguém com muita audiência nas redes sociais, por exemplo. Só assim o teste cumpre a sua finalidade: saber de que forma temos a melhor chance de conversão de um cliente.

Uma das maiores vantagens da CRO é que pode ser aplicada em todas as etapas do funil – de visitantes para contatos e de contatos para clientes. Mas ela só vai fazer sentido quando você já tem um volume de tráfego estabelecido, quando o topo do funil já é forte. É um erro muito comum ouvir as maravilhas da disciplina e já querer implementar mil testes e otimizações sem fazer essa análise de topo. Se o volume de acessos é baixo, os resultados serão pouco confiáveis. Nesse caso, você deveria se preocupar com ações que vão ajudar a gerar mais volume, pode ser com a compra de mídia ou envio de e-mail. O importante é acelerar esse resultado para conseguir otimizar a conversão.

Boas práticas em CRO

ATENTE-SE ÀS ESTATÍSTICAS

Às vezes uma opção converte mais que a outra pelo simples acaso, por um viés de uma origem de tráfego ou até por uma campanha do dia. Para um teste ter resultado conclusivo é preciso que ele seja validado estatisticamente. Há ferramentas para ajudar a calcular o volume que garante essa precisão.

 Disponibilizo aqui uma ferramenta gratuita para você usar. Basta acessar pelo QR Code ao lado ou pelo site https://www.andresiqueira.me/livro/complementos/calculadora-teste-ab ▶▶▶▶

FOCO NAS LIÇÕES E NO APRENDIZADO

Entenda que boa parte dos testes vão falhar e está tudo bem. Quando criamos uma cultura de testes é absolutamente comum que boa parte das nossas hipóteses estejam erradas e os testes falhem. Na verdade, se eles não falharem, é um sinal de que você está indo só nas apostas certas e fazendo pouco das hipóteses mais arriscadas e fora da caixa.

Claro que o objetivo é encontrar alavancas e melhorias, mas em um processo de testes, a gente não quer só isso. **Uma parte muito importante aqui é aprender melhor sobre o comportamento do cliente, é entender o que faz ele preferir uma coisa em relação à outra.**

Se a gente aprende mais sobre o usuário (tanto com o que deu certo, quanto com o que deu errado), fica muito mais fácil identificar outras oportunidades de melhoria e chegar a testes mais relevantes. Portanto, atente-se às estatísticas. Elas revelam muito mais do que os números.

TESTE UMA VARIÁVEL POR VEZ

Quando testamos muita coisa no mesmo lugar e ao mesmo tempo, fica muito mais difícil entender o que exatamente gerou o resultado. Mesmo que as coisas tenham melhorado, como saber se foi a mudança do elemento A ou do elemento B a maior responsável por isso? Você não saberá. Então, faça um teste, colha os resultados e somente depois parta para outra tentativa. Você otimizará tempo e conseguirá aproveitar muito melhor cada um dos resultados.

FOQUE NAS COISAS MAIS IMPORTANTES

É muito comum, quando as pessoas descobrem os testes A/B, quererem testar tudo, especialmente após ouvir cases de empresas gigantes e de negócios que têm resultados fora do comum com esse tipo de prática. Claro que há um lado legal, mas a maioria das empresas não têm o mesmo tráfego que os exemplos e dificilmente a cor de um botão vai gerar um resultado tão expressivo. Por exemplo, vamos pensar na Amazon, que tem milhões de visitantes. Se mudar a cor de um botão de amarelo para roxo e isso aumentar a taxa de conversão em 0,01%, vai gerar um retorno de milhões de reais para a empresa. Agora pense em uma empresa pequena, que tem resultados bem menores que a Amazon. Com essa porcentagem, esse tipo de teste seria quase irrelevante. Faria mais sentido focar naquilo que pode ter grande potencial, como a chamada e os links da página principal do site ou em uma landing page que recebe muitas visitas. Quanto mais importante forem a página e o elemento testados, mais impacto a melhoria vai causar.

CASE:
A BOOKING.COM E A OBSESSÃO EM OTIMIZAÇÃO DE CONVERSÃO

A Booking.com é reconhecidamente uma empresa obcecada na otimização da conversão. E são justamente essas práticas que fazem com que a empresa tenha taxas de conversão duas a três vezes maiores do que a média do segmento. Dá para dizer sem hesitar que CRO é o grande carro-chefe da empresa. As premissas utilizadas para essa prática funcionar são, em geral, bastante simples. Ao conversar com pessoas que trabalham na empresa e acompanhar algumas palestras, reproduzo parte delas aqui:[47]

» Todos os experimentos devem ter uma hipótese seguindo um mesmo template:

"Com base em [situação], acreditamos que alterar a [condição] para os usuários [amostra] os tornará [resultado]. Saberemos isso quando virmos [efeito(s)] acontecer impactando a [métrica(s)]. Isso será bom para clientes, parceiros e nosso negócio porque [motivação].";

---

47 THOMKE, S. HBS Case Collection Booking.com. **Harvard Business School**, out. 2018. Disponível em: https://www.hbs.edu/faculty/Pages/item.aspx?num=55158. Acesso em: 17 jun. 2021.

MÁQUINA DE AQUISIÇÃO DE CLIENTES

» Todas as métricas principais e secundárias são definidas antes de iniciar o experimento para evitar "desenhar o alvo só depois que foi dado o tiro" e inventar um resultado positivo;

» Todos os experimentos exigem que seja calculado antes o tempo esperado para resultados usando uma calculadora de experimentos. Independentemente dos resultados, todo experimento deve rodar por, pelo menos, uma semana inteira;

» É permitido 100% de acesso a qualquer dado. É preciso entender de fato o que está acontecendo e ter uma cultura de transparência para entender onde estão as oportunidades e também quais são os gargalos;

» Há guias, mas não regras. Os times têm autonomia para, com responsabilidade, mexer naquilo que acreditam que pode gerar mais resultado;

» É preciso aceitar e abraçar as falhas. Mais de 90% dos testes de fato não produzem um bom resultado. E faz parte. O ponto é seguir aprendendo, fazendo mais e deixando que os 10% que geram algum impacto façam a diferença;

» Cuidado com suposições. Não aceite correlação como causa, não entenda que um aprendizado sempre vai ser reproduzido e refletido em todo processo. É preciso testar sempre.

Com essas práticas, a empresa trabalha com mais de mil testes em paralelo a cada instante. É um case impressionante. Inclusive equipes são criadas especialmente para sair fazendo testes. Seguindo esse modelo, a Booking.com se tornou uma das top 20 líderes de internet no mundo. São mais de 1,5 milhão de quartos reservados a cada noite, em uma empresa que foi de oito funcionários no ano 2000 para cerca de 15 mil em 2020, e que hoje vale mais de 100 bilhões de dólares.[48] Algum valor seus processos de CRO devem ter, não é?!

---

48 DONOVAN, N. The role of experimentation at Booking.com. **Booking.com Partner Hub**, 16 ago. 2019. Disponível em: https://partner.booking.com/en-gb/click-magazine/role-experimentation-bookingcom. Acesso em: 17 jun. 2021.

PRÁTICAS DE MARKETING PARA COMPOR OS PASSOS INICIAIS DO FUNIL

EXERCÍCIO PRÁTICO

De que maneira você usaria otimização da taxa de conversão em sua empresa?

Opção 1:

_____

_____

_____

_____

Objetivo principal:
( ) Atrair ( ) Converter ( ) Relacionar ( ) Vender

Opção 2:

_____

_____

_____

_____

Objetivo principal:
( ) Atrair ( ) Converter ( ) Relacionar ( ) Vender

16. NOTIFICAÇÕES *PUSH*

Um dos fatores que mais gera o vício no celular são as notificações push. A nossa curiosidade ao ver uma tela piscando e já querer saber o que tem ali é, naturalmente, uma oportunidade para as marcas. E mais: não é só no celular que elas estão presentes. Há também as notificações em navegadores, como o Google Chrome, o mais utilizado do mundo.

Mas há diferenças no uso dessa ferramenta de acordo com cada dispositivo. No celular, as notificações são capazes de chamar a atenção e levar mensagens até o cliente, mesmo que ele não esteja usando o

MÁQUINA DE AQUISIÇÃO DE CLIENTES

aparelho no momento. É uma forma de cutucar e lembrar que estamos ali. O melhor caminho para mandar essas notificações é quando o usuário baixa um aplicativo e autoriza o envio de notificações. O uso de aplicativos de mensagens, que já vimos anteriormente, é uma forma de tentar gerar a notificação sem necessariamente ter um aplicativo dedicado, mas quando há um aplicativo baixado pelo cliente, você tem as vinte e quatro horas do dia para trabalhar esse terreno. É por isso que tantas marcas de e-commerce não contam só com seu *mobile site*: elas criam o aplicativo para poder estar mais presentes no dia a dia do cliente.

Já no computador, o mais comum é a possibilidade de ter notificações enquanto o cliente usa um navegador. Para isso, você pode até desenvolver um sistema próprio, mas em geral não faz muito sentido. Há aplicativos prontos que você pode assinar e instalar no seu site que fazem esse papel. Eles vão apresentar uma janela quando o visitante estiver em seu site e, caso ele autorize, você estará apto a exibir as mensagens.

No funil, a principal função das notificações push é fazer relacionamento, mas elas também podem fazer um trabalho de vendas. Já para atração não são muito efetivas, uma vez que, para conseguirmos a autorização de envio, a pessoa necessariamente já nos encontrou antes, ou seja, não traz gente nova e sim reforça o vínculo com quem já entrou no site de uma forma ou outra.

Como a estratégia de *push* é relativamente invasiva, cada mensagem precisa ser bem pensada e ter uma conexão direta com o perfil e as necessidades do usuário. Por conta disso, raramente é uma prática recomendada para iniciantes, a não ser que o produto principal da empresa seja de fato um aplicativo móvel. Na maioria das vezes é indicada para empresas que já cresceram, têm uma operação mais complexa e precisam de cada esforço para somar no volume.

Boas práticas em notificações *push*

MANTENHA A CONVERSA NOS TRILHOS

Qual era o objetivo inicial, o que o usuário buscava quando autorizou a notificação? Quanto mais conseguirmos manter isso nos trilhos, ou seja, o enfoque original ao falar do mesmo assunto e entregar isso, melhores são nossas chances de não sermos silenciados pelo usuário. E mais: ele pode gostar da notificação, clicar e gerar resultado.

TESTE E ENCONTRE O MOMENTO CERTO

Estude a hora certa de entrar em contato. Variações nos dias e horários podem gerar diferenças grandes nos resultados. Para descobrir esse período ideal, faça teste em diferentes horários e avalie cada tentativa. Outra maneira é entrevistar uma parte dos usuários e encontrar as semelhanças nas respostas. A ideia é fugir de horários concorridos, mas ainda pegar um momento em que o usuário esteja ativo.

PERSONALIZE SEMPRE QUE POSSÍVEL

Entenda os hábitos de seus usuários e mande notificações que tenham a ver com cada um deles. Se você identifica que o cliente A pede comida italiana toda semana, a notificação deve focar nesse hábito e oferecer comidas italianas novamente. Se o supermercado vê no perfil que o cliente B é homem e não manda notificação sobre absorventes higiênicos, também está personalizando o atendimento. Dá mais trabalho, eu sei, mas vale o reforço: quanto mais personalizado, melhor! E existem ferramentas para ajudar nessa tarefa.

CASE:
PUSH NOTIFICATIONS COM O 12MIN GERANDO PROXIMIDADE COM O CLIENTE

Um hábito que acabou se tornando uma empresa. Foi o que aconteceu quando Diego Gomes, CEO da Rock Content, transformou as anotações e resumos de suas leituras de 2016 em um novo negócio: o 12min. Trata-se de uma plataforma de aprendizado que sintetiza os conceitos-chave de um livro best-seller para quem vive na correria e precisa consumir o conteúdo em pouco tempo. São centenas de resumos em texto e áudio, com novos lançamentos frequentes.

O foco da empresa sempre foi o universo *mobile* e por isso conta com aplicativos disponibilizados para iOS e Android. Entendendo a

MÁQUINA DE AQUISIÇÃO DE CLIENTES

jornada dos clientes, faz bastante sentido: muitas vezes esse conteúdo é consumido em locais como o transporte público ou filas de espera, fazendo do celular o dispositivo mais pertinente.

A jornada do 12min depende não só do usuário fazer o download do aplicativo, mas especialmente que ele continue usando a plataforma e depois se converta de usuário grátis em pago. É fundamental ter um relacionamento próximo do cliente para conseguir gerar engajamento e vendas. Muito da comunicação da empresa, no começo, era feita via e-mail marketing. Todo o processo de ativação, com os guias e indicações para os usuários, além das ofertas e avisos de promoções, chegavam dessa maneira. Com o tempo, perceberam que as notificações push faziam mais sentido para o tipo de negócio que eles criaram.

Isso mudou a realidade da empresa. Conseguiram ter mais controle sobre a entrega da mensagem, ter uma resposta mais imediata, trabalhar maior volume de disparos e estar mais próximos no dia a dia do cliente. Segundo Pedro Lage, do time de produto do 12min,[49] é tranquilo mandar cinco notificações push para o usuário em uma semana, por exemplo. Já no e-mail, isso é visto como muito invasivo e pode, por consequência, gerar problemas de entregabilidade.

Apesar de todo esse cenário animador, quando a prática foi colocada em operação, a empresa teve queda no engajamento. Os resultados só vieram depois de algumas mudanças e, principalmente, de muita personalização. Não adiantava recomendar um livro qualquer, era preciso indicar algum que tinha a ver com o que usuário se interessa. Quando colocaram uma sequência mais bem planejada, com um olhar na jornada e baseada nas ações e comportamentos do usuário, as coisas começaram a deslanchar.

De olho nisso, o 12min criou um laboratório de experimentos rodando testes o tempo inteiro. Assim, as decisões passam a ser baseadas em dados e sempre surgem muitos aprendizados sobre o comportamento do cliente.

Hoje a empresa trabalha com uma sequência de notificações que começam assim que um usuário baixa o aplicativo e começa a usá-lo.

----
49 Pedro Lage em entrevista concedida ao autor em janeiro de 2021.

PRÁTICAS DE MARKETING PARA COMPOR OS PASSOS INICIAIS DO FUNIL

A intenção é fazê-lo completar pelo menos uma leitura. Para quem completou e não comprou, é oferecido um desconto especial. É pelas notificações também que comunicam lançamentos, novas promoções etc. Basicamente qualquer conversa que eles precisam ter com o usuário é feita por esse tipo de notificação.

Só a ativação de novos usuários – que para a empresa é definida como a leitura de um livro – passou de 5% para quase 30% no momento em que escrevo este livro. Não foi do dia para a noite, tomou tempo e foi preciso entender mais o usuário e colocar a mão na massa para ter jornadas mais personalizadas, mas funcionou e vem melhorando cada vez mais.

EXERCÍCIO PRÁTICO

De que maneira você usaria as notificações push em sua empresa?

Opção 1:

_____

_____

_____

_____

Objetivo principal:
( ) Atrair ( ) Converter ( ) Relacionar ( ) Vender

Opção 2:

_____

_____

_____

_____

Objetivo principal:
( ) Atrair ( ) Converter ( ) Relacionar ( ) Vender

17. LANDING PAGES E POP-UPS

Se você já estudou um pouco de marketing, é provável que tenha ouvido o termo "landing page". Pelo significado original, trata-se daquela página pela qual um novo visitante chega ao seu site. No entanto, no mundo do marketing digital, é mais comum que a gente use o termo para páginas feitas especificamente para convencer o usuário a fazer algo, que pode ser preencher um formulário, adicionar um produto ao carrinho ou mesmo clicar em um banner ou link que o leve para outra página. Já pop-ups são aquelas janelas e banners que aparecem por cima da página do navegador e tentam indicar ao usuário uma ação específica e convencê-lo a segui-la. **Em comum, tanto landing page como pop-ups são usados com um propósito bem específico: conversão.** Eles aumentam as conversões e capturam mais contatos ao dar ênfase em uma oferta específica e ancorar elementos que geram desejo e dão mais credibilidade. **Assim, são responsáveis por transformar visitantes em contatos ou mesmo em vendas (no caso de e-commerce).**

Eventualmente, uma landing page até pode ser otimizada para ficar bem posicionada no Google e aparecer nas primeiras posições, pode até ser o destino de anúncios, tendo assim um papel no processo de atração, mas quando isso acontece traz junto alguma outra técnica, como SEO, anúncios, influenciadores, que indicam essa landing page.

A vantagem das landing pages e dos pop-ups é que podem ser usados pelo marketing de qualquer tipo de empresa ou produto. O que muda, no entanto, é o nível de investimento para ter mais agressividade e complexidade na operação. Quando a empresa tem alto volume de tráfego, ou seja, recebe muitos visitantes no site, pequenos ajustes de performance já fazem muita diferença. Por exemplo, se a empresa tem em seu portfólio um produto que gera percepções de benefícios diferentes para dois públicos, pode valer a pena abraçar a complexidade e investir em criar uma landing page específica para cada um. Assim, há um ajuste na informação adequada ao interesse de cada público. Imagine uma marca que vende furadeiras e seu público engloba profissionais e pessoas que ocasionalmente usam a

PRÁTICAS DE MARKETING PARA COMPOR OS PASSOS INICIAIS DO FUNIL

ferramenta para fazer algum reparo caseiro. Para o profissional, as informações técnicas são fundamentais, bem como saber sobre a resistência do produto, durabilidade, garantia. Já para a pessoa que usa a ferramenta em casa, o que importa é a facilidade no manuseio. **Se a marca cria uma página para cada público e comunica de maneira direcionada os benefícios, é natural que ambos convertam mais.** Por outro lado, se a marca fala tudo em uma só página, corre o risco de ambos não se sentirem representados, não vejam valor nas informações e não convertam.

Boas práticas em landing pages e pop-ups

OFEREÇA ALGO INTERESSANTE

A conversão não depende só das técnicas e de acertos na construção da página. Depende também do que é oferecido. Na maioria das empresas que trabalham bem o inbound, são criadas ofertas de muito valor que podem ser acessadas gratuitamente em troca do preenchimento dos dados em um formulário, fazendo com que a conversão aconteça mais facilmente. É comum encontrarmos e-books, templates, palestras e outros tipos de conteúdo (chamados de conteúdo rico) para fazer a captação de contatos. Se o que está sendo oferecido é interessante e o custo para acessar (preencher o formulário) é baixo, a chance do sim do usuário é muito mais alta.

PREOCUPE-SE COM O DESIGN

O design é responsável por boa parte das conversões em landing pages e pop-ups, por isso não deve ser desconsiderado. O contraste de cores ajuda a definir o que entra em evidência e chama mais a atenção, assim como ajuda a transmitir sensações e emoções específicas. Já a posição dos elementos cria um senso de priorização e dita a leitura.

Além disso, uma página com um bom design ajuda a transmitir mais confiança e profissionalismo. Por isso, sempre vale contratar um profissional qualificado ou construir a partir de ótimos templates encontrados em ferramentas de design e de marketing digital.

CUIDADO COM PEDIDOS DIFÍCEIS

Quanto mais difícil for o pedido, menor a conversão. Um produto caro e de difícil compreensão naturalmente vai converter menos do que um mais simples, com alta demanda e acessível. Em uma landing page a lógica é a mesma: com formulário para captação de contatos, campos com perguntas difíceis ou muito vagas como "Qual é o seu maior sonho?" ou que peçam informações sensíveis, como CPF, renda e telefone, também vão gerar um impacto negativo e só devem existir se forem imprescindíveis no processo de venda.

PENSE NOS QUATRO ELEMENTOS

Uma landing page é composta por quatro grandes elementos:

- ⚙ **Chamada principal:** é formada por título e subtítulo. Juntos, devem deixar muito claro o que está sendo oferecido e por que vale a pena participar da ação. Por exemplo, em vez de escrever "Você sabe dizer o que é um RH moderno? A chave para a retenção está aqui", para chamar a atenção do usuário, escreva "[e-book grátis] *O Guia do RH Moderno*. Descubra quais práticas ajudam na retenção e desenvolvimento dos funcionários e ajude sua empresa a decolar". Perceba que em poucos segundos olhando para o segundo exemplo já conseguimos entender bem o que está sendo oferecido e como isso nos ajuda, diferente do primeiro que é mais aberto e abstrato;

- ⚙ **Ação:** é o que a landing page pede para o cliente fazer. Pode ser preencher um formulário ou clicar no botão para colocar o produto no carrinho. Para motivar o usuário a tomar a ação que queremos, vale simplificar o caminho dele, eliminando os campos desnecessários, por exemplo. O formulário também não pode saltar na cara do usuário e ser visto como o item principal da página se ele ainda nem sabe o que é e por que precisa preencher. Outro ponto é garantir contraste e visibilidade para o botão da ação principal (enviar dados, adicionar ao carrinho etc.), mostrando para o visitante exatamente o que se espera que ele faça;

- ⚙ **Complemento de informações:** o visitante olha para o título e subtítulo e pensa *Gostei, deixa eu saber mais.* O complemento de informações é

PRÁTICAS DE MARKETING PARA COMPOR OS PASSOS INICIAIS DO FUNIL

o que vai saciar esse querer saber mais. Vale trazer uma listagem ao longo da página, com características e benefícios do que está sendo oferecido. Também vale tentar tangibilizar e trazer para o mundo real algumas informações que saciem essa curiosidade, como inserção de vídeos e imagens;

⚙ **Indicadores de confiança e credibilidade:** depoimentos, logos de empresas clientes, aparições na mídia, volume de compartilhamento ou seguidores em redes sociais ajudam bastante ao tentar aumentar a confiança do usuário na sua landing page e convencê-lo de que deve seguir a ação sugerida. Não desperdice esses itens tão poderosos de comunicação.

MANTENHA A CONEXÃO ENTRE AS COISAS

Um pop-up vai funcionar muito melhor quando tem relação direta com a página em que o usuário está e quando os temas conversam. Se o usuário está em um post que dá dicas para montar um currículo e o pop-up oferece para download um template de currículo, a chance de conversão é mais alta.

Se a frase usada em um anúncio for repetida na landing page, mantendo a conformidade e mostrando para o visitante que o que tem ali é exatamente o que foi prometido antes do clique, a taxa de conversão aumenta. É preciso fazer o sistema todo conversar.

CASE:
LANDING PAGE OTIMIZADA COM A ERPFLEX

Enquanto os grandes ERPs – softwares para a gestão de empresas –, oferecem opções bastante customizáveis por um preço muito alto, os pequenos trazem possibilidades bem acessíveis, mas com poucas possibilidades de ajuste e adaptação para contextos mais específicos. Entendendo esse cenário, a ERPFlex criou um produto que une um pouco dos dois lados: preço acessível com possibilidades de flexibilização.

Como é uma solução complexa e que depende de diagnóstico e estudos prévios para ser implementada, não há possibilidade de comprar o sistema de maneira on-line e já sair usando, então o grande objetivo

MÁQUINA DE AQUISIÇÃO DE CLIENTES

digital é captar contatos e repassar ao time de vendas para fazer a abordagem em conjunto com a avaliação de viabilidade.

Por isso, o site, como é comum no meio, tinha uma função bastante institucional, apresentando a empresa e os produtos. O problema é que os resultados naturalmente não eram muito bons, não havia esse meio campo entre atração de visitantes e a possibilidade de construir relacionamento a partir disso, e havia o sentimento de que tinha dinheiro ficando na mesa. Foi por isso que a ERPFlex contratou a Supersonic, empresa focada em otimização da conversão, para ajudar a transformar o site em um gerador de contatos mais eficiente. O caminho escolhido foi justamente a criação de uma landing page, uma página específica para captar mais contatos e repassar aos vendedores.[50]

Antes de começar, foi feita uma imersão no comportamento de compra dos usuários do site, buscando entender quais pontos geravam mais interesse, onde havia mais abandono de página e quais eram as páginas mais visitadas. Também foram feitas pesquisas com diversos públicos da empresa, coletando objeções e percepções de clientes atuais e em potencial a respeito do produto. A partir daí, determinaram as prioridades e como a nova página funcionaria.

O desenho da página começou com uma Proposição Única de Vendas,[51] reforçando onde a solução é diferente e entregando mais valor que as outras opções do mercado. Para isso, usaram como chamada principal o título "Um software de gestão completo, 100% na nuvem e flexível para se adaptar ao seu negócio" e o subtítulo "Idealizado por Ernesto Haberkorn, reconhecido como o maior especialista em Sistema de Gestão do Brasil".

A ideia principal era passar clareza sobre o produto e seu ponto forte, que é a flexibilidade, além de autoridade citando o reconhecimento do fundador. Logo em seguida, em uma cor bem chamativa, vinha o botão que leva para a ação desejada "Quero conhecer o ERPFlex". Na

----

50 COMO multiplicamos em mais de 100 vezes a taxa de conversão da plataforma ERPFlex. **Supersonic**, 27 mar. 2019. Disponível em: https://www.supersonic.ag/clientes-e-resultados/case-erp-flex/. Acesso em: 17 jun. 2021.

51 Proposição Única de Vendas é uma descrição breve dos diferenciais de um produto. (N.E.)

PRÁTICAS DE MARKETING PARA COMPOR OS PASSOS INICIAIS DO FUNIL

sequência, foram disponibilizadas uma foto e uma citação do fundador, criando uma conexão mais humana e próxima do cliente, além do novo reforço da autoridade. A página ainda mostra um pouco da estrutura da empresa, com o escritório e as pessoas trabalhando. Isso ajuda a passar mais segurança, confiança e credibilidade.

Com essa ação, a taxa de conversão de visitantes do site em contatos interessados em saber mais passou de 0,04% para 5,14%. É uma melhora de mais de cem vezes e foi preciso apenas seguir a base ensinada aqui. Com essa conquista, vieram novos produtos e a empresa aumentou a sua estratégia, apostando em uma landing page para cada oferta e tornando o site uma grande fonte de negócios.

EXERCÍCIO PRÁTICO
De que maneira você usaria landing pages e pop-up em sua empresa?

Opção 1:

_____

_____

_____

_____

Objetivo principal:
( ) Atrair ( ) Converter ( ) Relacionar ( ) Vender

Opção 2:

_____

_____

_____

_____

Objetivo principal:
( ) Atrair ( ) Converter ( ) Relacionar ( ) Vender

18. MARKETING CONVERSACIONAL (*CHATBOTS*)

O vendedor, ouvindo e argumentando, consegue criar uma taxa de conversão em vendas geralmente melhor do que um material promocional ou um site sozinho. Existem vários motivos para isso, mas um deles é a capacidade de diálogo. É da natureza humana a troca, a interação, poder falar e receber algo mais específico, mais personalizado que uma simples mensagem automática em uma tela. E é justamente isso que o marketing conversacional prega, ou seja, a possibilidade de oferecer ao cliente a opção de conversar.

Antes, a única maneira de colocar essa prática em ação era ter um atendimento realizado por uma pessoa real. O grande problema é a escala: só conseguimos dar atenção a uma pessoa por vez. E se houvesse uma forma de fazer mais conversas em escala? Com a evolução da inteligência artificial, os robôs têm se tornado ferramentas cada vez mais inteligentes. Encurtando o nome americano, robots, temos apenas bots, como são chamados. Os *chatbots* (robôs de conversa) se popularizaram realizando tarefas mais repetitivas e agilizando o atendimento.

Os bots podem fazer atendimento no site, nas redes sociais e nos aplicativos de mensagens, como o próprio WhatsApp. Eles também aparecem com frequência no canto da tela quando a pessoa entra em um site. Para chamar a atenção, ficam pipocando algumas vezes. Existem ferramentas que tornaram essa prática muito mais acessível e são oferecidas praticamente prontas para as empresas que desejam instalar e já começar a rodar sem grandes dificuldades. Para quem acha que o público se cansou de formulários, é uma ótima alternativa para tentar engajar.

No funil, os bots ajudam a fazer a conversão (ao virar uma espécie de formulário, captando assim os contatos), o relacionamento (é a natureza da conversa em si) e até a venda (indicar um produto ou tirar dúvidas de quem já está quase comprando).

Para funcionar adequadamente, os bots requerem que já tenha algum mecanismo relevante de atração funcionando. Pode ser SEO, anúncios, influenciadores, parceiros, programas de indicação etc. Se isso estiver ok, a probabilidade de se beneficiar de uma conversa aumenta muito, porque a ferramenta só faz sentido quando existe volume. É esse volume que vai alimentar a ferramenta, "ensinando" ao bot como responder as perguntas mais frequentes e, assim, realimentando o sistema continuamente.

Boas práticas em marketing conversacional

ANTES DE OFERECER ALGO, ENTENDA

Parte fundamental da conversa é conseguir entender melhor os desejos e interesses do potencial cliente. Se sairmos oferecendo qualquer coisa, é grande a chance de não ser a melhor oferta para aquele perfil. Por isso, o chatbot deve começar a conversa com algumas perguntas amplas para entender o que o usuário está buscando. E somente depois disso buscar a solução adequada para cada caso.

NÃO CRIE ILUSÕES

Evite gerar a expectativa de uma conversa humana quando o atendimento vai ser feito por um bot. Se possível, deixe bem claro que é um atendimento por robô. Pequenos detalhes na forma de comunicar podem gerar uma expectativa não atendida e, com isso, frustrar um cliente.

DÊ OS CAMINHOS CASO O *BOT* NÃO ATENDA

Se a pessoa aciona o bot porque precisa de algo e não conseguiu encontrar, é importante que o próprio bot pergunte se ela está satisfeita, se encontrou saídas e, caso a resposta seja negativa, dê um caminho para a próxima fase do atendimento. Pode ser um pedido para aguardar até que um humano assuma o atendimento dali para frente, pode ser a indicação de um e-mail ou telefone para entrar em contato. O ponto é não deixar um visitante sair daquela conversa frustrado.

RETROALIMENTE O *BOT* COM OS APRENDIZADOS DOS CONTATOS HUMANOS

Se você começa a perceber que um problema acontece com frequência, que algum tipo de situação frustrante é recorrente no uso do chatbot, sempre vale voltar e otimizar as conversas com novas informações e aprendizados. É difícil começar acertando tudo logo de cara, mas com testes e com o feedback constante, fica mais fácil construir algo funcional e efetivo.

IDENTIFIQUE OS CONTATOS QUALIFICADOS

Alguns estudos da Drift,[52] empresa referência no assunto, indicam que as chances de conversão são cinco vezes maiores quando um humano entra no diálogo. É claro que existe um custo no tempo desperdiçado falando com qualquer pessoa no site ou nos outros canais, mas quando as perguntas automatizadas indicam que o contato tem potencial de compra, vá fundo!

180 CASE:
CHATBOT AGILIZOU O ATENDIMENTO
DOS CLIENTES NA BROGNOLI

Com mais de meio século de existência, a Brognoli é uma das maiores e mais tradicionais imobiliárias de Florianópolis e ela apostou no uso de *chatbots* para agilizar a procura dos interessados por um imóvel.

Há uma etapa do processo de conversão em compra ou aluguel de imóveis que é ajudar a fazer uma curadoria e apresentar as alternativas disponíveis no momento para os interessados. É um trabalho feito geralmente pelo corretor. Perguntas como "Quantos quartos procura?", "Quais bairros seriam bons?" e "Qual valor aproximado está disposto a pagar?" ajudam a refinar as alternativas. Se já existe uma boa classificação dos imóveis no sistema, não é um processo difícil de automatizar.

Foi o que a Brognoli fez criando a Fabi, um *bot* que conversa e interage com os visitantes para cumprir esse papel do corretor na busca por um imóvel e também outras coisas, como pedir segunda

---

52 BERNARD, C. 4 Conversational Marketing Best Practices We Learned From Analyzing 1.32 Billion Conversations. Introducing Conversation Analysis From Drift. **Drift**, 5 nov. 2019. Disponível em: https://www.drift.com/blog/conversation-analysis/. Acesso em: 17 jun. de 2021.

PRÁTICAS DE MARKETING PARA COMPOR OS PASSOS INICIAIS DO FUNIL

via do boleto e abrir um pedido de ajuda para suporte financeiro ou de manutenção. Antes de ajudar, ela pede o nome e e-mail, para já colocar no banco e conseguir conduzir um relacionamento posterior. O robô também oferece a opção de, caso você queira, chamar um atendente e colocar um humano na conversa.

Hoje 80% das visitas a imóveis são agendadas diretamente pela Fabi e a taxa de satisfação dos visitantes fica na média de 8,9.[53] Um impacto bem significativo no negócio tradicional, mas que conseguiu levar para o digital uma parte de suas operações.

EXERCÍCIO PRÁTICO

De que maneira você usaria o marketing conversacional em sua empresa?

Opção 1:

_____
_____
_____
_____

Objetivo principal:
( ) Atrair ( ) Converter ( ) Relacionar ( ) Vender

Opção 2:

_____
_____
_____
_____

Objetivo principal:
( ) Atrair ( ) Converter ( ) Relacionar ( ) Vender

---

53 BROGNOLI digitalizou e otimizou o atendimento a clientes com a plataforma Take Blip. **Take Blip**, [S. d.]. Disponível em: https://www.take.net/case/brognoli/. Acesso em: 17 jun. 2021.

19. PRODUTO EM SI

Há produtos que causam naturalmente um contato entre seus clientes e novos clientes. Isso cria um ciclo em que, quanto mais pessoas compram, mais gente fica sabendo e, consequentemente, compra também. É o que chamamos de loop viral. Para entender esse conceito, imagine uma pessoa com uma camiseta que tem uma marca estampada em destaque, e essa pessoa cruza por várias outras em seu caminho. Essas pessoas que veem e gostam do estilo, procuram ativamente a marca e compram o produto. Ou seja, o próprio produto serviu para alcançar clientes novos. Pense em um músico que você admira tocando um instrumento. A marca gravada no próprio instrumento serve para despertar esse interesse e gerar credibilidade para o relacionamento, aumentando as chances de o cliente ir direto para a venda.

Apesar dessa possibilidade interessante, o impacto principal acaba sendo, em geral, no início do funil, servindo para atração, porque o papel comum é simplesmente fazer com que desconhecidos passem a conhecer a marca e o produto.

Na maioria das vezes, o uso dessa prática se aplica melhor para produtos simples e com ticket inicial baixo (é supercomum, inclusive, uma versão inicial gratuita). É preciso, também, entender os casos em que fazer esse contato é minimamente natural. Um serviço muito intangível, como um psicólogo, é inviável. Ninguém sai na rua usando esse serviço para todos verem.

Boas práticas de produtos em si

TRAGA CAMINHOS CLAROS PARA QUEM É IMPACTADO

Se o produto for web, deixe explícito no link como conhecer mais e dar os próximos passos. Se for algo presencial, não use um logotipo abstrato, as pessoas precisam conseguir entender o nome para poder pesquisar a marca posteriormente. Seja intencional em transformar isso em impacto.

ENCONTRE FORMAS DE TESTAR E MEDIR OS RESULTADOS

Se a cada dois clientes, um novo chegar, temos um ótimo resultado. Mas se cada cliente trouxer mais um, a chegada de novos clientes simplesmente não tem fim, o crescimento é muito acelerado e poderoso. Por isso, teste variações de textos e cores que chamem mais a atenção do consumidor. Também meça os resultados e procure otimizar. Se o serviço funciona na web, você pode usar os próprios números disponíveis como parâmetro, como quanto cada pessoa gera de clique. Já um produto físico precisa ser medido por pesquisas, como aquelas que perguntam "Como conheceu a marca?". Mexer um pouquinho nessa taxa de conversão tem impacto imenso.

CASE:
HOTMAIL, ZOOM E RAPPI COM PRODUTOS EXPLOSIVOS

Essas são algumas das empresas que usaram essa prática para alavancar seu crescimento. O Hotmail, por exemplo, colocou a estratégia em ação inserindo no fim de cada e-mail enviado pelos usuários a seguinte frase: "Crie seu e-mail grátis com Hotmail". Era um link que, ao ser clicado, direcionava a pessoas a uma página de cadastro grátis.

Eles usaram o fato de que seus clientes utilizavam o serviço para se conectar com outras pessoas e simplesmente se colocaram no meio do caminho. Em seis meses, a empresa saltou de 20 mil para mais de 1 milhão de usuários e se tornou um dos supercasos de sucesso em aquisição.[54]

Outra empresa que usa muito bem essa prática é a plataforma de reuniões on-line Zoom. Quando alguém começa a usar seu serviço, envia convites para reuniões com links para outras pessoas. Ao acessar uma reunião, a ferramenta oferece a oportunidade do

---

54 MCLAUGHLIN, J. 9 Iconic growth hacks tech companies used to boost their user bases. **The Next Web**, 28 maio 2014. Disponível em: https://thenextweb.com/news/9-iconic-growth-hacks-tech-companies-used-pump-user-base. Acesso em: 17 jun. 2021.

MÁQUINA DE AQUISIÇÃO DE CLIENTES

novo usuário ser um anfitrião e hospedar reuniões gratuitamente no futuro, o que faz o loop recomeçar e gerar indicações quase involuntárias de maneira infinita.[55]

Por fim, uma pequena história pessoal. Estava em Bogotá palestrando em um evento da RD quando vi dezenas de entregadores com uma roupa e uma bolsa térmica laranja fluorescente. Me aproximei para ver do que se tratava e logo vi o nome Rappi. A plataforma ainda não havia chegado ao Brasil e não era conhecida por mim, mas a curiosidade me fez buscar pelo nome no Google. Nesse caso, a cor chamou a minha atenção e serviu como atrativo. Alguns meses depois vi o serviço chegar a São Paulo e já o conhecia. Daí virar um cliente foi fácil e rápido.

EXERCÍCIO PRÁTICO

De que maneira você usaria o produto em si em sua empresa?

Opção 1:

_____

_____

_____

_____

Objetivo principal:
( ) Atrair ( ) Converter ( ) Relacionar ( ) Vender

Opção 2:

_____

_____

_____

_____

---

55   EDUOH, V. 5 Examples of SaaS products with viral loops. **Open View Partners**, 18 jan. 2021. Disponível em: https://openviewpartners.com/blog/saas-product-viral-loop/. Acesso em: 17 jun. 2021.

PRÁTICAS DE MARKETING PARA COMPOR OS PASSOS INICIAIS DO FUNIL

Objetivo principal:
( ) Atrair ( ) Converter ( ) Relacionar ( ) Vender

20. PONTO FÍSICO

Se alguma vez você estava andando no shopping ou na rua, viu uma vitrine que chamou a atenção e entrou para conhecer a loja e comprar, já pode entender porque um ponto físico é um bom canal de aquisição. **Estar no caminho das pessoas é uma forma natural de aparecer para o público e de ganhar alguma atenção inicial, mesmo que seja só uma olhadinha.**

Uma rua ou região de grande circulação, ou mesmo galerias e shopping centers, que atraem um público mais propenso a comprar, podem funcionar muito bem para apresentar sua empresa e atrair novos clientes. O foco aqui é atuar na atração e na etapa da venda. Nesses locais é possível trabalhar também algum tipo de cadastro que funcione como meio de conversão. Quando o cliente entrar na loja, ofereça alguma vantagem ou um brinde para que ele preencha o cadastro. Ou faça esse cadastro na hora da compra.

Geralmente, o ponto físico faz sentido para serviços e produtos de venda simples, mais fáceis de serem entendidos. Dificilmente vai se encaixar bem em uma venda complexa ou B2B. Caso a variação de produtos seja pequena e barata demais, é pouco provável também que os pontos físicos funcionem (ninguém vai abrir uma loja para vender só uma peça – nesse caso, usam parcerias e revendedores).

Boas práticas nos pontos físicos

A FACHADA FAZ GRANDE DIFERENÇA

Olhar para o seu ponto físico como parte do funil é entender que a fachada ou a vitrine são fundamentais para conseguir atrair atenção. E mais: criam identificação. Uma loja mais popular, por exemplo, vai demandar uma entrada mais aberta e preços expostos de maneira a evidenciá-los. Já uma pegada premium vende a experiência, com uma exposição de preços mais sutil, um ambiente mais fechado quê dê a sensação de algo selecionado e exclusivo.

ENTENDA O CONTEXTO AO REDOR DO LOCAL

No ponto físico, não há segmentação de anúncio por interesse. O que vai garantir se o alcance do público certo ou não é o contexto do local. O cliente mora por perto? Passa de carro? Visita por algum motivo? O ponto está em um shopping mais popular ou em um premium? Muitas vezes o simples local em que o ponto está inserido determina a visão que o mercado tem a respeito da marca e determina o tipo de produto e preço que você pode cobrar.

CRIE UM MECANISMO DE RELACIONAMENTO

É muito comum, em um ponto físico, focar apenas na venda. E é um desperdício não usar isso para, de alguma forma, captar informações e converter um mecanismo de relacionamento. No varejo, é esse relacionamento que ajuda o cliente a voltar mais vezes, comprar mais e aumentar o LTV, que vai colocá-lo em uma posição estratégica muito vantajosa em relação à competição. Dê algum bônus em troca do e-mail ou telefone, indique as redes sociais da empresa. Leve isso a sério. Ter um cliente e não fazer esse relacionamento é como conhecer alguém incrível e não trocar contatos, torcendo para que o acaso faça vocês se cruzarem de novo.

CASE:
AMARO – DO E-COMMERCE PARA A LOJA FÍSICA

Em 2012, com a intenção de revolucionar o mundo da moda feminina, nasceu a Amaro. Entendendo boa parte das mudanças na jornada de compra, a empresa foi concebida com um olhar 100% digital, oferecendo uma experiência muito diferenciada ao que era comum no meio. O site era bonito, intuitivo e fácil de navegar. As peças eram bonitas e acessíveis. Apresentava outros atrativos, como entrega superexpress, em que o produto é entregue em menos de duas horas

PRÁTICAS DE MARKETING PARA COMPOR OS PASSOS INICIAIS DO FUNIL

(a depender de condições geográficas e do horário da compra). Esse conjunto garantia à loja uma taxa de recompra de 40%, considerada muito bom para o setor.[56]

Mesmo com tudo redondo e indo bem, e com a operação lucrativa, depois de três anos de empresa ativa e 100% digital, veio a decisão de abrir o primeiro *guide shop*, no Shopping Pátio Higienópolis, em São Paulo. O curioso é que no *guide shop* não há caixa nem pagamentos. Ele funciona no extremo do que proponho aqui: a loja foi adicionada simplesmente como um canal de atração e relacionamento, servindo para experimentar peças, para retiradas e devoluções. Isso mesmo, sem venda física.

A marca sabia que suas consumidoras tinham o hábito de ir ao shopping explorar opções e, diante disso, não queria perder a oportunidade e não estar lá. As pessoas que passam pelo shopping entram no *guide shop* da Amaro, veem alguns produtos, que são apenas uma parte selecionada do portfólio e podem experimentar. Se quiserem comprar, no entanto, são direcionadas para um computador, onde se cadastram e fazem o pedido no próprio e-commerce, vivenciando a experiência chefe da empresa. A maioria das compras nem é retirada na hora: chegam direto na casa da consumidora logo depois.

Somando alguns canais (SEO, mídias, influenciadores), mas dando também crédito para a expansão dos *guide shops* – já eram dezesseis enquanto eu escrevia este livro –, a empresa vem simplesmente dobrando de tamanho desde 2012. A Amaro entendeu que a loja física é uma etapa importante da jornada do consumidor e mesmo nascendo 100% digital, investiu nisso. A história reforça a importância de sempre olhar as oportunidades ao redor e mostra como o ponto físico, que alguns dizem que vai acabar, ainda tem seu papel para as marcas.

---

56 GRILLETTI, L. Digital, verticalizada e no Brasil: conheça a estratégia da Amaro para construir a marca de moda mais amada do país. **Endeavor**, 10 fev. 2019. Disponível em: https://endeavor.org.br/historia-de-empreendedores/digital-verticalizada-e-no-brasil-conheca-a-estrategia-da-amaro-para-construir-a-marca-de-moda-mais-amada-do-pais/. Acesso em: 17 jun. 2021.

MÁQUINA DE AQUISIÇÃO DE CLIENTES

EXERCÍCIO PRÁTICO
De que maneira você usaria o ponto físico em sua empresa?

Opção 1:
_____
_____
_____
_____

Objetivo principal:
( ) Atrair ( ) Converter ( ) Relacionar ( ) Vender

Opção 2:
_____
_____
_____
_____

Objetivo principal:
( ) Atrair ( ) Converter ( ) Relacionar ( ) Vender

Quanto conteúdo você conheceu neste capítulo. Entreguei aqui os vinte canais – ou práticas – que você pode usar como marketing para ativar a sua Máquina de Aquisição de Clientes. **Cabe a você estudar cada um e descobrir quais fazem mais sentido para o seu negócio.** Lembre-se de que a Máquina é uma junção de várias práticas – as pecinhas de montar, lembra? – então não há por que se apegar a uma só. Agora que você sabe tudo de marketing, está na hora de focar nas vendas. Bora para o próximo capítulo?

 Para se aprofundar em cada uma das práticas.
Basta acessar pelo QR Code ao lado ou pelo site
https://www.andresiqueira.me/livro/complementos/aprofundamento-nas-pr%oE1ticas ▶▶▶▶

Lembre-se de que a **Máquina de Aquisição de Clientes** são os blocos. A forma final da sua peça principal **caberá a você** decidir e é isso que vai fazer sua estratégia ser **única**.

@andregcsiqueira

capítulo 6: práticas de vendas para compor o funil

Chegamos a mais uma etapa da Máquina de Aquisição de Clientes. Até aqui você conheceu como funciona o funil de vendas e viu que para atrair, converter e relacionar existem vários canais de marketing que ajudam nessas tarefas. **Agora chegou a hora de vender. Ou seja, transformar a pessoa que passou por todas as fases anteriores em cliente adquirido.**

No mundo corporativo sempre existiu uma rixa entre os times de marketing e de vendas. O marketing critica o imediatismo com que vendas trata as coisas, focando só no que está mais à mão e, algumas vezes, deixando de fora as boas experiências com a marca e o relacionamento a longo prazo. Por outro lado, vendas acha que marketing vive no mundo da lua, que falta pragmatismo da equipe para saber o que realmente ajuda na hora de vender.

Nas empresas mais modernas, no entanto, não há mais espaço para isso. **Se as duas áreas não trabalharem de maneira próxima e com um objetivo comum, a empresa não cresce no ritmo que poderia.**

Até então falamos muito de práticas que são, em geral, responsabilidade de marketing. No entanto, de nada adianta a equipe fazer todo esse trabalho de atrair, converter e relacionar se não há alguém que finalize o funil. E no mundo da aquisição de clientes, esse papel é de vendas. As duas áreas formam um time que atua em conjunto, buscando um bom resultado final.

MÁQUINA DE AQUISIÇÃO DE CLIENTES

Vender é mais do ter uma atitude passiva de atender o cliente que chega na sua empresa ou na sua loja. Vender exige um comportamento ativo que transforme as oportunidades geradas pelo marketing em vendas. É ir aonde o cliente estiver, convencê-lo a comprar e ainda ajudá-lo a decidir comprar novamente. Sem essa roda, as empresas não sobrevivem. Mas como fazer esse trabalho? É sobre isso que falaremos neste capítulo.

A ESCOLHA DO MODELO DE VENDAS

Uma das primeiras decisões a se tomar quando o time de vendas está sendo formado é escolher qual modelo de vendas será usado. Há, basicamente, quatro grandes opções. São elas:

- ⚙ **Self-service:** modelo em que não há um time de vendas destacado para atender o cliente. A pessoa faz a própria compra, sem a necessidade de apoio ou ajuda. É o modelo dos e-commerce, assim como de muitas ferramentas on-line em que a compra é feita basicamente por um botão, com preços pré-definidos e todo o processo de cadastro e pagamento automatizados.

  Além do site em si, muitas vezes os impulsionadores de vendas nesse contexto são as práticas de relacionamento que falamos no capítulo anterior, como e-mail marketing, mídias sociais, entre outros. O único cuidado é balancear a abordagem e fazer um pouco de vendas entre os esforços de relacionamento;

- ⚙ *Inside Sales:* nesse modelo a venda é feita com contato humano, mas sem deslocamentos e visitas. Usando o telefone ou ferramentas de vídeo, o time de vendas conversa individualmente com o cliente para gerar a transação. Geralmente o vendedor entra em contato com os clientes passados pela equipe de marketing e conquistados pelas práticas anteriores do funil;

- ⚙ *Field Sales:* com o modelo, a venda é feita com contato humano e presencialmente, destacando alguém para ir a campo visitar o cliente. É o método mais clássico e tradicional, ainda muito comum entre quem vende para grandes empresas. Neste modelo, os contatos

PRÁTICAS DE VENDAS PARA COMPOR O FUNIL

podem até ser passados pela equipe de marketing, mas o próprio vendedor faz a prospecção;

⚙ **Canais:** é o modelo onde outras empresas ou pessoas vendem para a empresa, ganhando algum benefício direto com isso, como uma comissão. Nesse caso, os contatos são gerados e atendidos pelo parceiro. Mas é importante pontuar, no entanto, que ainda assim pode ser preciso criar um modelo de funil para atração, conversão e educação dos parceiros. Pode-se mesclar as práticas do funil apresentadas no capítulo anterior e uma das abordagens de vendas mencionadas aqui para convencer o parceiro a representar a marca.

"Mas qual é o modelo ideal?"

Sei que você quer muito essa resposta, mas o que tenho a dizer é: depende. Quando colocamos apenas o custo como requisito, o modelo ideal para qualquer empresa seria o self-service. Afinal, não há salário nem comissão a serem pagos ao vendedor. No entanto, há uma objeção: geralmente é um modelo com menos poder de conversão quando os riscos e investimentos são mais altos. Assim, se o critério de escolha for a conversão, os modelos que oferecem contato humano – *inside sales*, *field sales* e canais – costumam ser mais eficientes porque um vendedor gera mais confiança. Ele ouve o cliente, sana suas dúvidas, cria empatia, gera proximidade, além de dar segurança ao mostrar que a empresa existe de verdade, que é real e não algo que existe apenas em um site.

Por isso, não dá para dizer que existe um só modelo ideal. Existe aquele que se ajusta melhor ao seu tipo de negócio. Pode ser até que seja preciso equilibrar os modelos de acordo com o que está sendo vendido. Uma empresa pode ter parte de sua operação em e-commerce (self-service), por exemplo, e outra parte em *inside sales*. Ou ainda uma parte em *inside sales* e outra em *field sales*. Há também grandes empresas que dividem a operação em canais *field sales* e *inside sales*. Se o negócio é venda de imóveis, por exemplo, não dá para usar apenas o modelo *self-service*. Porém, imagine que o negócio é para venda de capinhas de celular. Nesse caso, o cliente pode concluir todo o processo on-line. Não há necessidade de um vendedor.

MÁQUINA DE AQUISIÇÃO DE CLIENTES

O que precisamos entender para escolher o modelo é que, quanto mais complexa for a operação, mais profundidade de contato será necessária. Geralmente o cliente não se importa em comprar um brinquedo para o filho em um e-commerce ou uma assinatura de um serviço como o Spotify sem nenhum contato com vendedores. No entanto, é difícil imaginar que uma pessoa compre um carro ou um imóvel sem fazer uma visita, sem que conheça mais a fundo tanto o produto quanto quem está vendendo, e negociar os detalhes olho no olho.

Quando, no Capítulo 4, eu falei sobre a importância de conhecer bem a matemática do produto – LTV, CAC e margem – porque esses números afetam outras decisões, essa é uma delas. É preciso entender o custo de aquisição de clientes porque é esse dado que irá ajudar a definir qual é o modelo ideal para o seu negócio.

O QUE MANDA NA ABORDAGEM DE VENDAS?

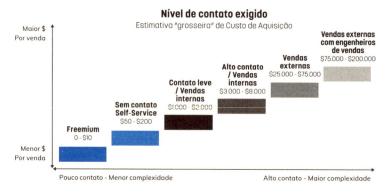

Fonte: Tom McCarty - Pipedrive

O gráfico mostra exatamente o que falei sobre o custo. Cada modelo ou combinação de modelos tem um custo diferente para a empresa. Quanto maior for o contato humano e a personalização do atendimento, mais caro será. Uma pesquisa realizada pela Redpoint eventures,[57] empresa especializada em investimentos em startups,

---

[57] TUNGUZ, T. Top 10 learnings from the Redpoint free trial survey. **Tomasz Tunguz**, 6 fev. 2019. Disponível em: https://tomtunguz.com/top-10-learnings-from-the-redpoint-free-trial-survey/. Acesso em: 17 jun. 2021.

mostrou que, nos casos de produtos com um período de teste grátis – ou *freemium*, como são chamados –, as vendas aumentam em 3,5 vezes quando um vendedor entra na negociação e faz uma abordagem direta do que quando o usuário toca todo o processo sozinho (self-service). É por isso que precisamos entender quanto custa o produto e quanto custa o tempo do vendedor para avaliar se esse contato a mais é lucrativo ou não.

MOMENTO DE ABORDAGEM

Depois de entender as possibilidades de modelo de vendas e escolher qual é a mais indicada para o negócio, o passo seguinte é definir o momento de abordagem. É um ponto muito importante porque também vai definir o aumento da lucratividade, logo, determinar o crescimento da empresa. Não adianta ter um modelo de vendas perfeito se a abordagem não funciona direito. Existem dois tipos:

- ⚙ **Receptivo:** quando o cliente já tem um interesse genuíno em comprar e faz alguma ação que demonstre isso, como pedir um orçamento, pedir para conversar com alguém de vendas, ver uma demonstração ou até mesmo fazer um teste grátis, em caso de ferramentas;
- ⚙ **Proativo:** quando o cliente ainda não tem um interesse tão claro em comprar e o esforço de vendas passa também por convencê-lo. Envolve fazer o cliente entender que ele tem um problema que precisa ser resolvido. E o produto é essa solução.

Quando comparamos os dois modelos, o receptivo é o modelo mais fácil. Afinal, o cliente já chega muito mais propenso a comprar e a taxa de conversão em vendas é naturalmente mais alta. É o sonho de todo vendedor. No entanto, há limitadores: condicionar a vender apenas para essas pessoas que procuram a empresa. Se muitas pessoas procurarem a empresa, aumenta as vendas, mas o contrário também pode acontecer e suas vendas vão por água abaixo. Além disso, só uma parte pequena do público potencial vai chegar ao nível de reconhecer o problema e procurar uma solução. A maior parte ainda precisa ser

MÁQUINA DE AQUISIÇÃO DE CLIENTES

provocada para reconhecer essa situação e enxergar que precisa de uma solução.

É aí que uma abordagem mais proativa tem valor. O vendedor vai levar o cliente a reconhecer um problema e já vai apresentar a solução. As chances de tomar um não são reais e até bem expressivas – por isso a abordagem proativa é considerada de baixa conversão –, no entanto, a empresa tem maior chance de aumentar seu mercado em potencial, conseguindo trazer vendas que, possivelmente, estavam perdidas. Isso vai refletir em um número potencialmente maior de clientes.

É importante pensar também em outros itens que vão impactar o processo de vendas. **Uma abordagem proativa demanda que o começo da conversa entregue valor, dando mais dicas e benefícios, tendo característica consultiva. Quando a conversa é mais reativa, dá para acelerar o processo de apresentação da solução e ser mais direto ao ponto.**

Outros fatores também devem ser levados em consideração para escolher a abordagem correta. Um deles é o valor da venda do produto ou serviço. Se a empresa trabalha com um ticket alto, pode até receber muitos "nãos", mas um único ou os poucos "sim" que receberá são suficientes para compensar o tempo investido. É por isso que as empresas que vendem projetos milionários muitas vezes trabalham mais com prospecção: elas não querem ficar esperando o cliente chegar, faz mais sentido ser proativo porque um único sim já faz todo o trabalho valer a pena.

Outro fator é o posicionamento estratégico. Há empresas que priorizam o crescimento. Mesmo quando a margem de lucro é menor, entendem que é melhor assumir a liderança do segmento e dominar o mercado e estão dispostas a arcar com o preço de fazer um volume de vendas maior. Nesses casos, faz sentido usar uma tática mais agressiva e trabalhar com abordagem proativa, independentemente do produto vendido e mesmo que isso gere um custo maior para a empresa.

Existe ainda a possibilidade de atuar com os dois tipos de abordagem dependendo do tipo de persona ou para produtos diferentes. Por exemplo, não faz sentido algum um restaurante ficar ligando para clientes convidando-os para consumir no local. Nesse caso a abordagem é receptiva. Mas pode fazer sentido usar a proativa ao abordar empresas e vender um pacote para uma confraternização de fim de ano, um *happy hour* ou algum evento pontual. Como o valor nesse caso é bem maior, é possível enquadrar na categoria em que um ou outro sim já faz o trabalho valer a pena.

Também é importante pensar na flexibilidade. Não tem essa de que se escolher ser receptivo, será assim sempre. Ou se escolher a abordagem proativa, não há como abrir caminho para a receptiva. Esqueça isso. É preciso testes e ajustes. Além disso, não é ser oito ou oitenta. Abordar alguém proativamente não é válido só para quem não conhece a empresa. Dá, por exemplo, para abordar proativamente um cliente que já tem um relacionamento com a empresa, mas ainda não levantou a mão para comprar. É uma solução intermediária em que estará colocando uma camada proativa em uma base que já tem uma probabilidade maior de compra, equilibrando melhor os esforços e trazendo mais resultados.

LEAD SCORING

Se já sabe como vender e qual a abordagem correta, o próximo passo é partir para uma parte importantíssima no processo de vendas: os clientes. Sem eles não existirão vendas, mas não é por isso que você vai se sair atirando para todos os lados.

O processo de relacionamento e vendas deve contar sempre com um esforço grande em entender e classificar diferentes contatos. **Investir tempo no contato errado ou não investir adequadamente em alguém com potencial faz uma enorme diferença entre ter resultados reais ou não.**

É nesse contexto que se encaixa o *lead scoring*, uma maneira de classificar cada contato em uma escala que determina qual é mais promissor em relação a uma venda e qual é menos promissor. É mais ou menos como a coleta seletiva: para realmente aproveitar o material ao máximo, é preciso primeiro entender os materiais e só depois classificá-los. Quando classificados, cada um vai para o tratamento mais adequado, tentando assim aproveitar ao máximo cada um. Imagine que você está vendendo um apartamento de 2 milhões de reais e

MÁQUINA DE AQUISIÇÃO DE CLIENTES

recebe dois contatos. Um deles é um grande empresário conhecido na cidade, o outro é um profissional que saiu da faculdade agora e está começando a carreira profissional. Qual tem mais probabilidade de investir e comprar o seu produto? É esta priorização que o *lead scoring* ajuda a fazer.

No *lead scoring* a ideia é definir critérios claros para uma classificação de cliente sem julgamentos, em vez de entrar em uma discussão pessoal e subjetiva de "acho esse contato isso" ou "acho esse contato aquilo". Inclusive, esse é um dos pré-requisitos para conseguirmos, posteriormente, automatizar o processo, que é recomendado para empresas que trabalham com alto volume de contatos. Quando o volume é maior que a capacidade do vendedor de fazer o atendimento, é preciso filtrar e priorizar.

Para fazer essa classificação, usa-se dois critérios: perfil e interesse. O perfil é um entendimento do quanto o contato tem características em comum com o que é esperado de um bom cliente, avaliando a aderência e as características sociodemográficas. Se a venda é para o consumidor final, renda, profissão, idade e gênero podem ser alguns dos critérios mais comuns. Se a venda é para empresas, o segmento de atuação, porte e cargo do contato devem aparecer.

O outro critério, o interesse, avalia quanto o contato está interessado em uma compra, quanto demonstra desejo pelo produto ou serviço. Alguém que só visitou um conteúdo simples no site talvez não esteja tão interessado assim. Já alguém que entrou várias vezes na página do produto, mandou uma pergunta e assistiu a uma demonstração talvez tenha um interesse bastante grande.

Quando esses critérios são analisados, consegue-se dados que indicam como vai funcionar a lista de priorizações. Mas como fazer isso? Bom, se são poucos contatos, é possível fazer até por meio de uma tabela no Excel. Agora, imagine que a equipe de marketing tenha passado mil contatos. Aí uma ferramenta de automação de marketing vai facilitar muito o trabalho. Existem várias disponíveis no mercado com a funcionalidade de *lead scoring* automatizado, como a própria RD Station tem uma. Nesse caso, cada cliente recebe uma pontuação de acordo com as respostas que são capturadas por meio de formulários que os próprios clientes preencheram com a equipe de marketing, e com a análise de comportamento e envolvimento com a empresa. Olha só a importância do trabalho conjunto entre marketing e vendas.

Como melhorar o processo de vendas

Como vimos, o *lead scoring* é uma maneira eficaz e muito importante para agilizar o processo de vendas, porém, ele não funciona sozinho. Há outras variáveis que fazem parte da venda e que um profissional precisa levar em consideração para concluir essa etapa do funil com sucesso. Assim, para ajudar a melhorar o processo, separei algumas dicas práticas que vão ajudar. Eu sugiro deixá-las em um lugar visível e consultá-las sempre.

CAMPOS FECHADOS NO FORMULÁRIO FACILITAM A AUTOMATIZAÇÃO

Quando o campo do formulário que será usado para compor a pontuação do *lead scoring* é aberto, ou seja, a pessoa escreve as respostas, pode haver diferentes formas de falar a mesma coisa e isso dificulta a otimização do processo. Se a profissão do cliente é Gerente de Marketing, por exemplo, ele pode escrever por extenso, mas também pode abreviar para "Ger. de Marketing", "Ger de MKT", "Gerente de MKT" e várias outras opções. É muito difícil prever e pontuar todas as possibilidades, por isso, é pertinente limitar a escolha a algumas opções em um campo fechado em que a pessoa só seleciona uma das respostas disponíveis.

O *SCORING* É DESENHADO OLHANDO PARA TRÁS

Em geral, o começo é para testes com vários perfis diferentes e momentos de compras distintos. É a partir dos dados, entendendo quanto cada perfil converte, que olhamos para o *lead scoring* e atribuímos pontuações. Um perfil ou uma ação que indica taxa de conversão maior naturalmente ganha mais pontos. O que indicar taxa menor ganha menos.

NÃO MIRE SÓ EM VENDAS, MIRE EM CLIENTES FELIZES E BEM-SUCEDIDOS

Clientes felizes e satisfeitos compram mais vezes, recomendam a marca e mudam de maneira drástica a receita gerada pela empresa. Não olhe só para a facilidade de vender em um primeiro momento, otimize o *lead scoring* para os perfis que vão gerar mais resultados também no longo prazo.

DEFINA UM ALINHAMENTO ENTRE MARKETING E VENDAS

Boa parte dos conflitos entre marketing e vendas acabam quando as duas áreas, em conjunto, definem o que deve ser feito, o que devem buscar juntas e quais os deveres e responsabilidades de cada uma. Para isso, é comum a criação de um documento, uma espécie de SLA ou Acordo de Nível de Serviço, definindo todos os pontos de responsabilidade e atuação de cada área.

Esse acordo define, por exemplo, o tipo de contato que marketing deve passar para o time de vendas (de acordo com as pontuações necessárias de perfil e comportamento no *scoring*), como cada contato vai ser distribuído entre os vendedores, quantos contatos devem ser passados mensalmente para que vendas consiga atingir suas metas, em quanto tempo vendas deve atender a um contato enviado, qual abordagem deve ser feita em cada caso e outros itens que ajudarão ambas as equipes a trabalharem melhor.

 Para saber como funciona, baixe um template de SLA que pode ser acessado pelo QR Code ao lado ou pelo site https://www.andresiqueira.me/livro/complementos/sla-mkt-vendas ▶▶▶▶

Certas reclamações comuns entre marketing e vendas – como não receber contatos tão bons; a quantidade insuficiente de contatos para bater as metas; a demora para abordar os contatos, o que gera uma experiência ruim ao cliente e diminuiu o fechamento –, costumam ser evitadas quando o SLA está claro para todos que compõem essas equipes. Perceba que boa parte dessas reclamações perde o sentido se os critérios para definir o que é um bom contato e toda a pontuação forem definidos de maneira objetiva, se a quantidade de contatos que foi definida em conjunto, o tempo limite e a forma de abordagem também fizerem parte do documento. Basta cada lado cumprir sua parte que tudo fica em paz.

DESENHO DO PROCESSO DE VENDAS

Uma das grandes dificuldades de escalar um time de vendas é a falta de processos. Estamos acostumados com a imagem do vendedor figurão que chega, brinca e vende pelo seu charme e carisma. O problema é que fica difícil formar e replicar vendedores com esse talento e característica. **Definir um bom processo é definir a forma como vendemos.** Por exemplo, quando o cliente entra na loja, o vendedor deve se apresentar, deve oferecer ajuda, deve mostrar um produto ou deve só ficar quieto acompanhando? Um processo bem definido deve trazer respostas para esse tipo de questionamento.

Pense no processo de vendas como um subfunil da área de vendas. Em geral passamos por etapas de avaliação e diagnóstico (entender a situação atual do cliente e o que ele busca), desenho de solução (preparar uma alternativa que resolva o problema ou se encaixe bem nos desejos do cliente), apresentação da proposta (apresentar a solução e todos os custos envolvidos) e negociação (discutir condições e ajustes).

Em alguns casos, esse processo pode andar de maneira super-rápida (no varejo, por exemplo). Em outros (como vendas de projetos e ferramentas de alto valor a uma empresa), é comum que as etapas demorem bastante tempo e demandem várias reuniões. Independentemente disso, há um passo a passo a ser seguido e é importante que a empresa primeiro defina qual é a melhor forma de executar cada um deles e, em seguida, treine exaustivamente as pessoas do time para fazer isso de maneira bem feita.

Quando as práticas de marketing se unem a um processo de vendas definido e organizado, consegue-se acelerar a Máquina de Aquisição de Clientes. E essa é a minha intenção neste livro. Quero mostrar como é possível vender mais e melhor quando os dois departamentos

MÁQUINA DE AQUISIÇÃO DE CLIENTES

trabalham em sintonia. Entreguei todas as ferramentas e dicas para que você possa montar a própria Máquina, mas será que ela está funcionando adequadamente? **Analisar os resultados é fundamental para entender o que está sendo feito corretamente e encontrar o que precisa ser melhorado ou até mesmo substituído.** Então, convido você a continuar nessa caminhada de aprendizado. No próximo capítulo, vou mostrar como analisar a sua Máquina para otimizá-la e continuar crescendo.

As **práticas de marketing** só fazem sentido quando conseguimos **transformar em vendas**. Fazer ações bacanas ou construir audiência sem conseguir transformar tudo em resultados concretos é só um esforço de vaidade.

@andregcsiqueira

MÁQUINA DE AQUISIÇÃO DE CLIENTES

capítulo 7:
a priorização adequada e a análise de dados

Espero que você esteja curtindo essa caminhada rumo ao crescimento da empresa com a aquisição de clientes. Agora vamos avançar um pouco nesse processo e falar sobre priorização e sobre a análise de dados. Esses dois fatores vão ajudar a otimizar a Máquina e aumentar as chances de crescimento. Afinal, essa é a nossa finalidade.

Por priorizar entende-se escolher a melhor estratégia para a empresa ou para determinado produto. O que vale a pena ser feito? O que é mais importante? **Toda empresa tem alguma limitação – seja de grana, de tempo, de estrutura (um número limitado de pessoas para trabalhar) –, e isso precisa ser levado em consideração na hora de escolher a estratégia.** Não dá para pensar em colocar todos os canais em ação ao mesmo tempo.

Falamos neste livro de um número grande de práticas que se desdobram em um número ainda maior de possibilidades de uso de cada canal. Quando multiplicamos essas práticas por duas ou três pessoas, não é difícil chegar a uma centena de possibilidades de atuação. Diante desse contexto, um dos exercícios fundamentais para aquisição de clientes é o de priorização. É ter foco para escolher aquilo que vai proporcionar a maior alavancagem.

No livro *Getting Real*,[58] os autores David Heinemeier Hansson, Jason Fried e Matthew Linderman, fundadores da Basecamp, empresa responsável por uma ferramenta de gestão de projetos, falam que é melhor construir meio produto do que um produto meia-boca. Para a construção da Máquina de Aquisição, a mentalidade é parecida. **Não se trata de fazer tudo ao mesmo tempo, mas escolher poucas e boas práticas que trazem melhores resultados que usar todas sem discernimento.**

Mas como priorizar? O livro *Tração*, de Gabriel Weinberg e Justin Mares,[59] traz uma ótima metodologia para o processo de priorização de canais chamado *Bullseye Framework*. Trata-se de um score de classificação em que é possível selecionar algumas práticas para serem testadas. A indicação é começar o processo de fora para dentro, começar com o todo – conhecer todas as possibilidades, todos os canais –, classificar e escolher os mais promissores para testar e, então, investir pesado naqueles que performam melhor.

Há três aspectos que me agradam muito nesse modelo.

O primeiro é que desde o início nos força a desenhar formas de usar todos os canais. Foi por isso que indiquei todas aquelas atividades práticas no Capítulo 5. Isso ajuda a eliminar um pouco dos vieses e talvez abrir portas que costumeiramente ficariam fechadas. Por exemplo, eu

---

58 HANSSON, D.; FRIED, J.; LINDERMAN, M. **Getting Real**: The Smarter, Faster, Easier Way to Build a Successful Web Application. Chicago: 37Signals, 2009.
59 WEINBERG, G.; MARES, J. **Tração**: domine os 19 canais que uma startup usa para atingir aumento exponencial em sua base de clientes. São Paulo: Alta Books, 2020.

A PRIORIZAÇÃO ADEQUADA E A ANÁLISE DE DADOS

não criaria um anúncio na televisão para falar das ferramentas da RD Station, pouca gente sabe de fato o que elas fazem e eu não conseguiria explicar em poucos segundos, então não valeria o investimento. Mas se sou forçado a pensar em como usar o canal, pode vir a ideia de ajustar e promover cursos que ensinem marketing e crescer a empresa como um todo em vez de só promover a ferramenta. É algo bem mais atrativo e fácil de explicar e faz sentido para o canal.

Foi esse tipo de adaptação que você deve ter feito nos exercícios propostos do Capítulo 5. Ali foi preciso um esforço para encontrar formas de usar cada um dos canais de acordo com seu negócio. Essa informação será valiosíssima para priorizar quais canais fazem sentido para a empresa ou produto – os poucos e bons – e quais não tem tanta ligação com o que você faz ou quer atingir no momento.

O segundo aspecto *Bullseye Framework* é que ele realmente prioriza e afunila, ou seja, dispensa muita coisa não promissora e ajuda a concentrar esforço onde faz mais sentido.

E o terceiro é que, se utilizarmos testes para definir, dentre os canais interessantes, quais são os que têm maior potencial, saímos do achismo e construímos algo com feedback real do mercado.

No entanto, há um ponto no livro *Tração* que eu faria diferente e que acho importante levantar, principalmente por acreditar que essa diferença pode tornar o exercício mais poderoso. **A montagem da Máquina de Aquisição de Clientes tem justamente a ver com pegar os pontos fortes e fracos de cada metodologia e fazer adaptações necessárias para cada realidade.** Por isso, falar sobre os problemas também é importante. Os autores usam uma visão de aquisição que se limita a alguns modelos de negócio em que o funil é composto por atração e vendas. Ou seja, tem a atração e logo depois um cliente. Mas isso não se aplica para todos os tipos de negócios.

Uma barbearia, por exemplo, que tem um processo de vendas simples, a lógica funciona. Pode-se pensar em anúncios no Facebook que levam a uma mensagem de WhatsApp para agendar um horário. Dessa forma, o canal anúncio on-line, como o Facebook Ads, cumpre de certa forma o papel múltiplo de atrair, converter e vender. No entanto, para vendas mais complexas, esse caminho não vai ser suficiente,

MÁQUINA DE AQUISIÇÃO DE CLIENTES

será preciso somar diferentes canais para construir o funil com cada uma das etapas. Mesmo nas vendas simples, os canais podem ajudar na primeira venda, mas não há maiores explicações de como fazer o relacionamento para gerar recorrência nas compras.

Por isso, em vez de fazer uma única lista geral de canais de aquisição, eu sugiro fazermos quatro listas, divididas em práticas para atração, conversão, relacionamento e vendas. A ideia é chegar ao fim desse processo de priorização com uma ou duas práticas para cada etapa. Lembrando que eventualmente um mesmo canal pode cumprir mais de uma etapa, especialmente para as empresas com vendas mais simples.

Essa lista de ideias é um primeiro passo, o próximo é escolher aquelas que parecem ter maior potencial. Para isso, é muito comum no mundo de growth a utilização de um sistema chamado *ICE Score*, que consiste em avaliar uma prática ou um canal a partir de três fatores: impacto (se der certo, qual o nível de resultados), confiança (o nível de convicção com o sucesso da prática) e facilidade (quanto trabalho dá colocar em prática). Para cada item, deve-se atribuir notas que vão de 0 a 10, de acordo com a avaliação que se faz do uso do canal no negócio e também de acordo com o objetivo. Depois, soma-se os valores e chegará a uma classificação, definindo o melhor canal, como no modelo abaixo:

	IMPACTO	CONFIANÇA	FACILIDADE	NOTA TOTAL
CANAL A	8	7	9	24
CANAL B	7	8	6	21
CANAL C	6	5	7	18

Gosto muito do *ICE Score* pelo fato de tornar as escolhas um pouco mais objetivas e por definir critérios claros para a tomada de decisão. O que não me agrada muito, entretanto, são justamente os critérios, que são fixos – impacto, confiança, facilidade – e já vêm pré-definidos pela metodologia, sem ajustes possíveis para realidades diferentes. **O processo de avaliação precisa ser diferente para cada empresa, cada momento em que ela vive e cada objetivo a ser alcançado,**

A PRIORIZAÇÃO ADEQUADA E A ANÁLISE DE DADOS

seja de curto, médio ou longo prazo. Imagine uma empresa de maquiagem que está começando e tem um orçamento baixo. Para ela, fazer um anúncio de TV não é viável. Apesar desse canal ser lucrativo e funcionar bem para a aquisição, é muito caro e difícil de ser testado em pequena escala. Porém, para uma empresa maior do mesmo segmento, que tem um orçamento grande, esse canal pode ser vantajoso. Por isso, não faz sentido generalizar os critérios de avaliação.

O que sugiro então é pegar a ideia de pontuar os canais de acordo com o *ICE Score*, mas definindo critérios próprios. Além dos três já citados, há outras possibilidades como: conexão do canal com a pesquisa de persona e jornada de compra; custo inicial; prazo para gerar resultados; potencial para escalar impacto; tendência de decadência ou crescimento do canal; nível de controle na forma como o canal opera (possibilidade de mudanças de algoritmo, subidas de preço etc.); capacidade do canal se aproveitar da audiência de outras plataformas que a empresa já tem estabelecido; se o modo de operar o canal melhora ou piora no longo prazo; capacidade de mensurar resultados do canal; capacidade de atrair pessoas com alta probabilidade de compra; chances de atrair quem está no começo do processo; quanto o mesmo canal pode ser usado para diferentes etapas do funil. Esses são alguns exemplos, mas essa escolha é individual, o importante é sempre usar os critérios que vão ajudar a empresa a chegar ao objetivo.

Para fazer o score, escolha três ou quatro mais relevantes. Também é possível determinar pesos diferentes para cada um deles (multiplicando por 2, 3, 4) para valorizar os critérios mais importantes e tirar força de critérios menos relevantes. A seguir coloque em uma tabela todas as formas de usar uma prática, como foi feito nos exercícios do Capítulo 5 e dê notas de 0 a 10 a cada um deles com base nos critérios definidos.

A expectativa então, é chegar a uma tabela como a que mostro a seguir. Observe que neste exemplo eu atribuí peso 2 ao critério 1 e também não escolhi o mesmo número de canais para cada etapa. Se em uma análise há três canais para serem avaliados em atração e quatro em conversão, está ok. Não existe a obrigatoriedade de as quantidades de canais serem as mesmas.

MÁQUINA DE AQUISIÇÃO DE CLIENTES

	CRITÉRIO 1 (PESO 2)	CRITÉRIO 2	CRITÉRIO 3	CRITÉRIO 4	NOTA TOTAL
ATRAIR					
CANAL A	8	7	9	10	**42**
CANAL B	7	8	6	9	37
CANAL C	6	5	7	9	33
CANAL D	8	5	6	10	**37**
CANAL E	6	10	9	7	**38**
CONVERTER					
CANAL A	10	6	10	10	**46**
CANAL B	5	6	7	10	33
CANAL C	8	8	8	8	**40**
CANAL D	6	10	8	8	38
RELACIONAR					
CANAL A	6	5	7	10	**34**
CANAL B	5	5	9	9	33
CANAL C	10	6	8	10	**44**
CANAL D	7	7	8	8	37
CANAL E	7	7	9	8	**38**
VENDER					
CANAL A	5	6	10	9	**35**
CANAL B	8	8	10	7	**41**
CANAL C	8	5	5	6	32

Com a análise de cada um é possível montar um ranking com os canais que tiveram a melhor pontuação. Na tabela, eles aparecem em negrito e são os indicados para chegar ao passo seguinte: testes. O ideal é pegar duas ou três práticas por etapa do funil.

Lembre-se de que esse ranking é só o ponto de partida, em que se enxerga os melhores canais para depois testá-los. O ideal é que não fique muito tempo envolvido nesse processo. Uma semana ou, no máximo, dez dias, é o suficiente para escolher os canais, definir os critérios, dar as notas e montar a tabela para seguir em frente na busca pelos canais prioritários.

Use o template ao lado para montar o seu exercício de priorização.

A PRIORIZAÇÃO ADEQUADA E A ANÁLISE DE DADOS

	CRITÉRIO 1: ___ (PESO ___)	CRITÉRIO 2: ___ (PESO ___)	CRITÉRIO 3: ___ (PESO ___)	CRITÉRIO 4: ___ (PESO ___)	NOTA TOTAL
PRÁTICAS COM O OBJETIVO DE ATRAIR					
PRÁTICA 1 (___)					
PRÁTICA 2 (___)					
PRÁTICA 3 (___)					
PRÁTICA 4 (___)					
PRÁTICA 5 (___)					
PRÁTICAS COM O OBJETIVO DE CONVERTER					
PRÁTICA 1 (___)					
PRÁTICA 2 (___)					
PRÁTICA 3 (___)					
PRÁTICA 4 (___)					
PRÁTICA 5 (___)					
PRÁTICAS COM O OBJETIVO DE RELACIONAR					
PRÁTICA 1 (___)					
PRÁTICA 2 (___)					
PRÁTICA 3 (___)					
PRÁTICA 4 (___)					
PRÁTICA 5 (___)					
PRÁTICAS COM O OBJETIVO DE VENDER					
PRÁTICA 1 (___)					
PRÁTICA 2 (___)					
PRÁTICA 3 (___)					
PRÁTICA 4 (___)					
PRÁTICA 5 (___)					

O PROCESSO DE TESTES

A gente estuda o consumidor, seus comportamentos, suas crenças, seu processo de compra. Estuda os canais, as técnicas, se prepara. Ainda assim, é impossível prever com certeza tudo o que vai acontecer. **A maneira mais adequada de saber como algo se comporta na prática é fazendo testes.** É caro e demorado demais investir em um canal que parece ser promissor para só depois descobrir que ele não funciona bem e que não deveria ter sido escolhido.

Os testes amenizam esse problema, pois nos dão sinais se as ideias estão no caminho certo e se o canal parece ser tão adequado como acreditávamos. É claro que não serão 100% das ideias e os resultados não serão tão impactantes, e está tudo bem. O objetivo é colher indícios de que com mais tempo e investimento, colheremos os frutos adequados. Reforçando: apenas indícios. Por exemplo: se acredita que SEO será um canal relevante, em vez de investir na produção de conteúdo, de ajustes no site, de construção de links, que tomam muito esforço e tempo, pode-se comprar algumas palavras no Google Ads e avaliar se o público atraído é o esperado. Em vez de começar um grande programa de influenciadores, pode-se testar algo menor com um ou dois microinfluenciadores para entender quais cuidados tomar antes de escalar para vários contatos maiores. Em vez de determinar assessoria de imprensa como uma grande aposta, pode-se comprar alguns anúncios na imprensa e avaliar o retorno do público.

A ideia é, justamente, propor alguns testes mais baratos e rápidos com o objetivo de aprender sobre o canal e colher feedback. Assim temos os seguintes passos:

» Listar como podemos usar cada canal para cada etapa do funil (que são os exercícios do Capítulo 5, se pulou algum, volte e faça!);

» Classificar essa lista dando notas para os critérios mais relevantes e montando um ranking;

» Selecionar os canais com nota mais alta e propor uma maneira de testá-los;

» Investir e escalar aqueles canais que se mostraram mais promissores.

A ESCOLHA FINAL

Marc Benioff, fundador da Salesforce, é um dos grandes defensores do foco. Ele indica que devemos fazer uma estratégia de crescimento em etapas: um produto por vez, um local por vez, um tipo de venda, um canal de aquisição. Só adicionamos novas camadas quando as disciplinas já estão maduras e foram dominadas pela empresa.[60]

Como já falei um pouco por aqui, acredito que a aquisição é, na maioria das vezes, composta por etapas diferentes do funil e que podem ser necessárias práticas e canais para compor um funil único. Com essa pequena ressalva, é impossível discordar de pessoas com um histórico tão relevante em marketing e vendas, como Marc Benioff. O foco de fato é fundamental.

Um único canal tem diversas e diversas maneiras de uso, com várias nuances, vários detalhes que fazem uma diferença enorme na performance. **O que define o que implementar não é mais qual canal usar, mas sim como usar.** E é impossível, em times pequenos e com recursos limitados, entender com profundidade e conhecer os detalhes de tantas opções ao mesmo tempo.

Há quem veja o foco como um vilão, como um limitador das ideias e das mil oportunidades. A meu ver, esse não é o olhar correto. O foco é, na verdade, um facilitador. Ele torna mais fáceis as decisões, aponta as direções. Em vez de permitir que se perca, ele mostra para onde ir, onde estudar e no que prestar atenção. E é justamente por isso que escolher bem e fazer o exercício de priorização e escolha dos canais é tão importante.

No fim do teste, você terá ao menos uma grande prática para cada etapa do funil. Eventualmente dá para incluir um canal complementar, desde que ele exija menos investimento e esforço – talvez não para todas as etapas. Naquelas que apresentam maior gargalo, a escolha de dois canais pode fazer sentido, mas mais que isso o seu processo

---

60 RIGONATTI, E. Diário de um VC: a Rainha Vermelha e os dilemas dos Super--Founders. **Medium Astella**, 2 fev. 2020. Disponível em: https://medium.com/astella-investimentos/di%C3%A1rio-de-um-vc-a-rainha-vermelha-e-o-dilema-dos-super-founders-c6526ac6fc72. Acesso em: 17 jun. 2021.

MÁQUINA DE AQUISIÇÃO DE CLIENTES

vai ficar muito complexo. Por isso, principalmente no começo, foque em um ou dois, no máximo.

Pense que a sua escolha deve ser executada com maestria. Pense em realmente dominar um canal e praticá-lo com excelência. Ideias geniais e os grandes estouros, aquelas estratégias que deram super certo, não vêm dos achismos, vêm das práticas. Elas aparecem quando erramos, aprendemos e vamos ajustando; aparecem quando estamos nos colocando à prova e aperfeiçoando a estratégia dia a dia. E é impossível alcançar isso se não há foco.

O CAMINHO PARA ESCALAR OS RESULTADOS

Depois de todos os processos indicados e de chegar nas grandes apostas, é preciso fazer algumas pontuações para conseguir fazer a estratégia funcionar e escalar os resultados. No livro *Pense simples*, de Gustavo Caetano,[61] aparece a citação de uma máxima do Exército canadense: "Se houver disparidade entre o mapa e o terreno, fique sempre com o terreno."

Muitas vezes, um plano, mesmo que bem desenhado, não resiste à prática. É preciso ter flexibilidade para conseguir entender quando dá para manter o plano e enxergar quando os sinais de que as coisas não vão bem ficam evidentes. Lembre-se: a linha entre a persistência e a teimosia é muito tênue.

Se você definiu os melhores canais para a empresa e ainda assim os resultados não aparecem ou não indicam nem perspectivas de que vão aparecer, é importante reavaliar com cuidado e pensar em recomeçar o planejamento.

Por outro lado, enquanto os resultados são positivos e há boas perspectivas no canal, dobre o investimento. Ao encontrar um pote de ouro, é melhor tirar tudo que há por lá do que sair caçando novos potes. Aproveite enquanto isso durar. A tendência é que, mais cedo ou mais tarde, fique mais difícil crescer no canal, a saturação vem, os aumentos

---

61 CAETANO, G. **Pense simples**: você só precisa dar o primeiro passo para ter um negócio ágil e inovador. São Paulo: Gente, 2017.

A PRIORIZAÇÃO ADEQUADA E A ANÁLISE DE DADOS

de investimentos já não representarão retornos tão expressivos e o alerta aparecerá. Uma hora encontramos o platô. A estratégia estabiliza e deixamos de contar com isso como algo com potencial de crescimento.

Por isso, é preciso se planejar para adicionar novas estratégias assim que sentir o platô ou a perda de performance se aproximando. Assim que dominar um canal, já se prepare para repetir o processo em outro. Não dá para dizer quando exatamente vai ser preciso acioná-lo, então é melhor estar preparado. Pode ser quando atingir certo valor em faturamento ou em determinada periodicidade – um ou dois anos, talvez. Já falei antes e repito: a verdade é que não existe receita pronta. Assim, a minha recomendação é: faça quando estiver preparado para acionar a nova estratégia. Ou seja, quando os resultados já foram o suficiente para investir e contratar mais, quando a equipe já estiver treinada e rodando bem, permitindo que o seu foco passe a ser algo novo e que possa trazer fatores inesperados.

A verdade é que quanto mais canais dominamos, mais poderoso fica o processo de aquisição e mais difícil de ser batido por concorrentes. Um canal novo se beneficia sempre do antigo, veja: quem quer começar a investir em eventos, mas já tem uma base de contatos, por exemplo, tem muito mais facilidade de promover o evento. Se um influenciador indica o site e lá o marketing de conteúdo funciona bem, vai ser muito mais fácil reter a audiência e convertê-la em resultados do que uma mensagem simples levando a um site vazio.

Como falei, não há um critério para saber quando você precisará acionar essa nova estratégia. O que você precisa é se planejar para estar pronto quando sentir que o momento chegou. Não dá para sair correndo e fazer o processo de qualquer jeito. Pense aqui como uma maratona, dominar vários canais é a meta, é o passar pela linha de chegada. Mas se começarmos a todo vapor, correndo de maneira desesperada, o que vai acontecer não é chegar lá mais cedo, mas sim parar no meio do caminho esgotado. Se a energia não for dosada adequadamente, se não entendermos o ritmo para cada momento, não dá para completar a prova.

Por isso comece com poucos canais, mas não perca de vista a missão de adicionar as novas camadas e de aproveitar essa estrutura que, com o tempo, fica cada vez melhor.

MÁQUINA DE AQUISIÇÃO DE CLIENTES

COMO FOI ESCALAR PRÁTICAS E CANAIS NA RD

Quando você prioriza os canais, as chances de crescimento sobem muito, inclusive foi o que aconteceu com a RD Station. O que estou mostrando aqui não é só um monte de teorias, apresento parte da minha experiência prática enquanto estive à frente da empresa. A escala de aquisição da RD, inclusive, é um ótimo exemplo para você entender como tudo o que ensinei aqui funciona na prática. Agora que você sabe como a Máquina de Aquisição de Clientes funciona, vou contar como foi o processo na RD.

O processo de priorização da RD – a tabela que ensinei há algumas páginas – teve como resultado final essa definição de práticas para o começo da empresa:

	PRÁTICA PRINCIPAL	PRÁTICA SECUNDÁRIA
ATRAIR	CONTEÚDO	SEO
CONVERTER	LANDING PAGE (COM MATERIAIS RICOS)	
RELACIONAR	E-MAIL MARKETING	REDES SOCIAIS
VENDER	*INSIDE SALES*	

Essas práticas nos conduziram por quase dois anos. No começo, o conteúdo era publicado no blog de uma a duas vezes por semana. Eu era o autor mais frequente, mas era acompanhado de perto pelo Eric Santos, meu sócio e CEO da RD. A meu ver, havia dois grandes pontos de destaque na criação do conteúdo: o primeiro era refletir uma metodologia, um sistema em que cada post se encaixava em um todo. Isso gerava mais apelo, um tom autoral e garantia o foco, fazendo com que não saíssemos da linha editorial definida. O segundo era o conteúdo ser escrito por quem conhecia e vivia a realidade do cliente. Éramos pessoas fazendo marketing digital em uma pequena empresa, falando para uma audiência formada por pessoas que queriam fazer marketing digital em uma empresa média.

SEO, embora estivesse presente no nosso dia a dia, entrava como um canal secundário porque usávamos técnicas simples. Basicamente

A PRIORIZAÇÃO ADEQUADA E A ANÁLISE DE DADOS

pesquisa de palavras-chave e aplicação on-page. Monitorávamos as posições e fazíamos ajustes, mas não havia capacidade para fazer grandes análises competitivas ou outras ações proativas. A preocupação maior era garantir que o conteúdo fosse bom.

A estratégia de converter desconhecidos em conhecidos se dava com a produção de materiais ricos. Nós fazíamos e lançávamos um material (em geral um e-book ou um webinar) por mês, promovido através de uma landing page com formulário.

Já o relacionamento com a base de contatos era feito com dois e-mails por mês. Um compartilhava o novo material rico lançado e o outro era uma newsletter, que continha o link para todos os artigos do blog publicados no mês. Também usávamos as redes sociais (na época Twitter e Facebook), mas de uma maneira bastante simples: os posts eram sempre links dos nossos conteúdos. Não havia nada feito exclusivamente para o canal.

Os contatos que quisessem saber mais eram passados para o time de vendas, que fazia a abordagem e tentava vender o produto. Era isso!

Durante esse período, eu era a única pessoa no time de marketing, o que exigia foco. Não dava para fazer muito mais, mas a gente tentava garantir que esse básico fosse sempre muito bem feito. Em 2013 vieram as primeiras contratações para o time e começamos a ampliar ligeiramente o escopo. Fizemos palestras em eventos de terceiros e, no fim do ano, montamos a primeira versão do RD Summit, evento anual que já vai para a oitava edição, como um teste.

No começo de 2014 começamos a sofisticar o relacionamento com a automação de marketing. Veja que, conforme fomos crescendo, outros canais foram sendo adicionados à estratégia. Houve também a versão teste do RD on the Road, o evento itinerante da empresa, e o RD Summit se tornou mais robusto (foi de trezentas para 1.400 pessoas recebidas). Ainda em 2014, começamos a trabalhar mais forte também em um processo de qualificação de contatos e fizemos as primeiras versões de uma proposta de programa de parceria, que contava com agências como revendedoras da ferramenta de automação. As agências gostaram porque ganharam um tipo de serviço a mais para vender (gestão de Inbound Marketing), com operação recorrente.

MÁQUINA DE AQUISIÇÃO DE CLIENTES

Em 2015, começamos a investir um pouco mais em mídia paga (Facebook Ads e Google Ads) como canal de geração de contatos. Também começaram investimentos tímidos em assessoria de imprensa. No ano seguinte, SEO começou a ganhar bastante profundidade e relevância, e trabalhamos com abordagens mais proativas de construção de links, SEO técnico e monitoramento competitivo da página de resultados do Google. As técnicas de análise de dados e qualificação de contatos também deram saltos.

No ano de 2017, foi feito um investimento em um projeto de otimização da taxa de conversão (CRO) e o orçamento para mídia paga passou a ser mais robusto. Além disso, começamos a fortalecer a expansão internacional. Em 2018, as relações públicas ganharam foco, fortificando bastante o trabalho com assessoria de imprensa. Foi também um momento de muito mais maturidade na análise de dados e entendimento dos perfis adequados de vendas, melhorando o *lead scoring* e trazendo clientes mais bem-sucedidos. Foi um ano em que começamos também a ter uma presença mais forte nas mídias sociais, movimento que se consolidou em 2019, quando também passamos a usar os *chatbots* para a operação. Houve ainda investimento em crescimento via produto e no modelo de vendas self-service.

Em 2020, fizemos um *rebrand*, trazendo mais clareza para a missão da empresa, modernizando a identidade visual e mudando o nome da empresa: deixou de ser Resultados Digitais e virou RD Station, que até então era o nome do produto. Houve ainda uma primeira versão para um programa de afiliados.

Dá para dizer que, das vinte práticas listadas no Capítulo 5, a RD tem uma operação madura em ao menos doze. É por isso que ocupa com orgulho a posição de líder em automação de marketing no Brasil, possui dezenas de milhares de clientes e tem um valor de mercado que chegou a 2 bilhões de reais no momento da venda para a gigante TOTVS.

É importante colocar essa linha do tempo para que todos entendam que chegar a esse patamar levou dez anos. **Foi um trabalho de formiguinha conseguir aprender e ficar bom em uma coisa por vez.** Incorporamos uma ou duas práticas por ano, mesmo com mais estrutura e capacidade de investimento. Sempre nos preocupamos em realmente fazer bem feito. Boa parte dos novos canais nasceram quase irrelevantes e foram ganhando maturidade e gerando crescimento com o tempo. Esse trabalho também respeitou a estrutura da empresa e da área, que foi de uma pessoa – eu, em 2011 – até as mais de cinquenta pessoas em 2020. Isso só no marketing.

Quem conhece a empresa e tudo o que ela faz, talvez credencie os resultados ao faturamento alto e à grande capacidade de investimento. Mas a lógica é contrária: porque isso tudo foi feito, mesmo que aos poucos, é que o faturamento e a capacidade de investimento cresceram.

A ANÁLISE DE DADOS

Como viu, se a ideia é escalar, precisamos trabalhar sempre com os melhores canais e adicionar novos quando sentir que há essa necessidade ou quando os resultados já não refletirem as metas. **Independentemente desse movimento macro e estratégico, é preciso constantemente avaliar quanto os esforços de marketing e vendas estão sendo de fato efetivos e gerando resultados.**

A maioria das empresas pensa no marketing quase como uma boa ação: *Separo uma parte dos lucros e vou colocando lá. Sei que no longo prazo essa construção vai ser útil, vai ajudar a construir minha marca e a tornar minha empresa maior, mas não sei exatamente o que esperar e quando esperar.*

O problema é que a falta de expectativa ou precisão de métricas no retorno tornam o investimento frágil. Ao primeiro sinal de crise ou de algum problema na operação, o orçamento é cortado. Fica difícil brigar por um orçamento maior ou uma estrutura de time mais robusta quando não conseguimos expressar com clareza o que estamos entregando.

É por isso que um ponto muito importante da Máquina de Aquisição de Clientes é aprender a medir corretamente as ações e, assim, reportar o que realmente importa para a empresa.

É muito comum que agências e analistas, por exemplo, se prendam ao micro e reportem métricas como queda no custo por clique de uma campanha de anúncios, ou o número de visualizações, likes e comentários em um post. A verdade é que isso contribui muito pouco para criar um senso verdadeiro de importância do marketing. Continuamos com a grande pergunta que é: "Quanto isso contribuiu para o crescimento da empresa?"

Para provar o valor dos investimentos, precisamos começar com o macro que é o que realmente importa: o processo de aquisição como um todo. Precisamos entender quantos clientes foram gerados com as ações, quanto de receita foi captada e qual foi a saúde desse processo, ou seja, qual a perspectiva para os próximos meses e quanto custou fazer isso tudo. Esses são os principais pontos e as principais métricas.

Para isso, vamos usar novamente a visão do funil. Cada etapa do funil tem um objetivo e uma métrica para ser avaliada. É possível avaliar quantas pessoas são atraídas, desconhecidos que se convertem em conhecidos, pessoas que fazem o relacionamento e volume de vendas, por exemplo. Também qual foi o custo disso e quanto gerou de receitas ou quais são as perspectivas de impacto disso nos próximos meses.

São as métricas que servem para avaliar a aquisição como um todo que, realmente, vão gerar crescimento e devem ser valorizadas. E é isso que deve ser apresentado em um encontro com o CEO.

OPORTUNIDADES PARA MELHORAR

Depois de olhar para o macro, aí sim é hora de direcionar os olhares para o micro, ou seja, entender como cada canal (ou tática) está sendo implementado e como está o desempenho em relação ao objetivo. **Ao olharmos uma métrica única, sem a nuance do seu objetivo, é muito provável que se avalie erroneamente a performance.**

Se vou avaliar uma prática focada em atração, preciso entender quantas pessoas do perfil adequado atraí e quantas deram o próximo passo, saindo de desconhecidos para conhecidos. Se quero focar somente em conversão de desconhecidos em conhecidos, vou olhar para a taxa de conversão e para o próximo passo, que é engajamento. E assim por diante.

Olhar para o próximo passo é importante porque seguir no fluxo é o que faz a diferença. O trabalho só vai fazer sentido se o cliente caminhar no funil até chegar na venda, do contrário, ele não está dando certo.

Eventualmente é possível atrair a pessoa certa com uma mensagem errada, o que vai implicar em frustração mais à frente. E isso obviamente não nos interessa.

Depois de entender como uma tática vai ser avaliada, gosto de dois diferentes pontos de observação para entender se está indo bem ou não:

- **Comparativo histórico:** ao olhar o desempenho mês a mês do canal, é possível entender se ele está melhorando ou piorando. Quando cruzamos o desempenho com as ações que foram realizadas a cada mês, entendemos o que pode ser feito e funciona bem e o que talvez não ajuda muito;
- **Benchmarking:** comparar o que está sendo feito internamente com o que fazem as empresas referência naquela técnica. Com isso, conseguimos ter um parâmetro, descobrir onde estamos errando e otimizar nossos resultados.

DISCIPLINA NA AVALIAÇÃO

Análises também vão gerar insights valiosos que servirão para tornar o processo disciplinado. Não é algo para ser feito de vez em quando. É para fazer sempre!

Se todos os meses encontrarmos oportunidades e pontos falhos e fizermos melhor no mês seguinte, o efeito será exponencial. É isso que gera crescimento com o tempo. Não é milagre e não é do dia para a noite; quando pensando em otimizar, todo esforço vale a pena.

Sugiro, inclusive, que se crie um calendário com as datas de quando os dados serão coletados, quando serão analisados e quando os relatórios serão discutidos.

Via de regra, gosto de três tipos de análises:

- **Análise diária:** em geral não é preciso confeccionar o relatório e nem gastar muito tempo com essa análise. O objetivo é bater o olho e entender se tudo está em ordem e avaliar grandes desvios. Se um número cai muito agressivamente, pode ser que exista um problema em uma campanha (que vai desde falhas no pagamento a datas de veiculação, denúncias de violação de regras etc.). Se checamos todos os dias, conseguimos identificar de maneira mais rápida qualquer oscilação e agir imediatamente. Se esperamos o fim do mês, o prejuízo pode ser imenso;

- **Análise semanal:** o objetivo aqui é tentar estipular como vamos terminar o mês se continuarmos nesse ritmo, entender se isso será o suficiente para bater as metas ou não e então fazer qualquer ajuste necessário nas ações e nos investimentos;

- **Análise mensal:** é a hora de realmente entrar fundo na busca por oportunidades de melhoria, entendendo a performance de cada canal e usando os dados como insumos para a priorização das ações dos meses seguintes.

 É possível encontrar um template de relatório que vai ajudar muito a escolher os dados a serem analisados acessando o QR Code ao lado ou o site https://www.andresiqueira.me/livro/complementos/relatorio-mensal ▶▶▶▶

Essa é apenas uma sugestão que deve ser adaptada de acordo com a realidade de cada empresa. O importante é não deixar de fazê-las.

A BUSCA PELA VERDADE

Diferente de um outdoor ou de um anúncio de revista ou rádio, em que não é possível saber ao certo quantas pessoas foram impactadas, no marketing digital isso é mais claro. Eu sei exatamente quantas pessoas visualizaram um anúncio on-line. Assim como posso ver quantos compraram no e-commerce vindo desse anúncio ou, mesmo em uma venda complexa, posso ver quantos se tornaram contatos que eventualmente compraram o produto. E isso é ótimo. Mas tem um lado B nessa história. **Com tantas possibilidades de variações de jornadas de compra e os vários cruzamentos de canais, tudo fica muito mais complexo de se analisar.**

Se um influenciador cita uma marca, alguém assiste, procura por ela no Google e faz a compra, como associar essa compra ao influenciador

A PRIORIZAÇÃO ADEQUADA E A ANÁLISE DE DADOS

e não ao Google, dado que não há nenhum rastro? Se um amigo vai ao evento de uma empresa, fala bem do evento para mim, começo a seguir a empresa nas redes sociais, aprendo muito por lá, a empresa me conquista e, ao ser impactado por um anúncio, faço uma compra. Como creditar corretamente ao evento, à indicação do amigo e ao trabalho de redes sociais em vez de apenas ao anúncio em si?

A verdade é que são infinitos caminhos de compra, que se alternam entre o on-line e o off-line e que passam por canais em que tenho acesso e controle de dados e outros que não tenho nenhuma informação.

A alternativa mais comum – e mais cômoda também – é seguir dados de uma plataforma de análise, como o Google Analytics, que tem uma versão gratuita e é a mais popular. Apesar de ser uma ótima ferramenta e que recomendo para muitos contextos, ela não vai conseguir captar todas as nuances possíveis. Nos exemplos que eu dei acima, diversos canais não apareceriam em uma análise via Google Analytics, mas nem por isso deixaram de ser importantes no processo.

O caminho, portanto, é se esforçar para entender quais dados valiosos não estão explícitos, seja no Google Analytics ou em outro lugar, e ir atrás deles.

Veja algumas maneiras que ajudam a trazer essa profundidade:

- ⚙ **Pesquisa pós-venda:** após uma compra, uma pergunta simples como "Por quais canais você teve contato com a gente?" oferecendo uma lista de possibilidades (incluindo todos os canais com que a empresa trabalha, além dos orgânicos) pode ajudar a avaliar impactos difíceis de mensurar, como uma recomendação de influenciador, de amigos, um anúncio que não foi clicado, a presença em redes sociais etc;
- ⚙ **Fazer testes de sensibilidade isolando as variáveis:** quando há muita coisa rodando ao mesmo tempo e o resultado é a soma de tudo, fica difícil saber quanto cada canal e cada prática é responsável pelo resultado. Por isso, se conseguirmos realizar testes em que isolamos as variáveis, descobrimos quanto elas afetam as vendas. Para isso, remova temporariamente o investimento no canal (integral ou parcialmente) ou então trabalhe com segmentações diferentes (por exemplo, veicular um anúncio em uma região e não em outras).

MÁQUINA DE AQUISIÇÃO DE CLIENTES

Com isso conseguimos comparar os resultados e entender com mais clareza o valor de cada canal;

* **Usar ao máximo os mecanismos de mensuração:** é preciso planejar, em uma campanha, as formas de medir resultados. Nem sempre conseguimos e os itens anteriores ajudam quando estamos nessa situação, mas há casos em que a preparação prévia traz caminhos interessantes para avaliação posterior. Por exemplo, colocando um número de telefone diferente em cada campanha conseguimos mensurar quanto cada telefone toca. Em uma campanha digital com link que leva para uma mensagem pré-definida no WhatsApp, podemos ter textos diferentes para cada campanha, identificando assim qual foi a que gerou o contato. Cupons com promoções de desconto ou brinde também podem fazem com que o cliente tenha que identificar o canal. Por fim, há criadores de URL que adicionam parâmetros a um endereço (basta procurar por "criador de URL" no Google para encontrar opções gratuitas). Esses parâmetros são como um carimbo que reforça a identificação.

Esse trabalho vai requerer mais energia, mas como já disse, não há por que desperdiçar essa chance de refinar ainda mais seus resultados. **A priorização, assim como a análise de dados, são etapas importantes que ajudam a acelerar a Máquina de Aquisição de Clientes. São processos cuidadosos e que exigirão empenho de todos os envolvidos.** Mas é importante que sejam feitos. Execute-os com excelência e, assim como ocorreu com a RD, o mesmo pode acontecer por aí. Você verá que é possível crescer e que a Máquina de Aquisição de Clientes está aqui para lhe ajudar. O caminho do sucesso não é fácil, mas você tem chances de chegar lá. Vá em frente, não desista!

Se todos os meses encontrarmos **oportunidades e pontos falhos** e fizermos melhor no mês seguinte, o efeito será exponencial. É isso que gera crescimento com o tempo. **Não é milagre** e não é do dia para a noite; quando pensando em otimizar, **todo esforço vale a pena**.

@andregcsiqueira

MÁQUINA DE AQUISIÇÃO DE CLIENTES

capítulo 8:
três pilares: pessoas, processos e ferramentas

Depois de definidos os canais, o modelo de vendas e de ter montado o plano ideal de aquisição de clientes, é importante pensar nas formas de colocar tudo isso em prática. "Como fazer? Quem faz? Do que preciso para implementar as ideias que tive enquanto estava lendo este livro? Vou precisa contratar uma agência? Consigo usar o time interno?"

Se você também está com essas dúvidas, não se preocupe. Escuto muitos empreendedores ou profissionais que estão começando no marketing digital falarem o mesmo. Essas dúvidas não envolvem só organizar a estrutura, mas também lidar com pessoas e criar processos – desafios grandes dentro de qualquer empresa. E como fazer para lidar com isso? Agregando conhecimento. Chegou, então, a hora de focar em três grandes pilares: pessoas, processos e ferramentas, e nos cuidados fundamentais para não deixar que uma estratégia bem desenhada morra antes de executada.

PESSOAS, O PILAR PRINCIPAL

Em uma empresa, existem vários elementos e equipamentos que são importantes, se não fundamentais. Você vai precisar de um bom computador para realizar as tarefas com mais agilidade, de uma boa ferramenta de automação para ajudar na estratégia, de um espaço adequado, entre

MÁQUINA DE AQUISIÇÃO DE CLIENTES

tantos outros. Mas há um elemento que se sobrepõe a qualquer outro: o time. Nada, absolutamente nada, é tão importante quanto as pessoas que trabalham na sua empresa ou na sua equipe. Por isso, esse é o primeiro pilar da gestão de um negócio. Vejo uma tendência de as pessoas acharem que o principal no marketing digital são as ferramentas ou os investimentos em anúncios. Mas se enganam: o que importa não é a ferramenta ou o orçamento, mas quem vai operar a ferramenta e preparar o orçamento. **Não adianta ter a melhor estrutura, a estratégia mais preparada, o bolso cheio, se na hora da execução tivermos falhas.**

Por outro lado, se quem toca o departamento domina os conhecimentos necessários – tem inteligência para avaliar a situação e se adaptar, tem a atitude necessária para fazer acontecer –, mesmo que faltem ferramentas, mesmo que a estratégia tenha falhas, vai conseguir dar um jeito e encontrar um caminho.

Terceirizar ou não terceirizar?

Quando contratamos outra empresa para fazer um determinado trabalho, estamos terceirizando o serviço. Essa cultura tem sido registrada no Brasil desde o fim dos anos 1960[62] e desde então ganhou força em diversas áreas. O processo de aquisição de clientes não fica de fora desse movimento. Muitas agências fazem o trabalho de avaliar e tocar a execução de canais e isso é encarado como boa alternativa para quem não quer se envolver ativamente com a operação ou não tem tempo suficiente para aprender e tocar a própria operação.

Apesar de ter um histórico baseado na formação de equipes internas, acho o questionamento de terceirizar ou não bastante válido. A terceirização foi pouco presente na minha trajetória justamente porque sempre busquei conhecimento em aquisição e consegui tocar por conta própria. Porém, acredito que nos casos em que a empresa tem menos maturidade na área, a opção de terceirizar pode fazer bastante sentido.

Em geral, o que vemos é uma troca bastante clara. A agência contratada vivencia a aquisição no seu dia a dia. Ela tem profissionais com

---

62 CAMPOS, A. A terceirização no Brasil e as distintas propostas de regulação. In: CAMPOS, A. (org.) **Terceirização do Trabalho no Brasil: novas e distintas perspectivas para o debate**. Brasília: IPEA, 2018.

TRÊS PILARES: PESSOAS, PROCESSOS E FERRAMENTAS

histórico e domínio técnico de boas práticas para começar a usar os canais do jeito certo desde o começo e, para as empresas que ainda não têm essa estrutura, pode ser um bom corte de caminho. Outro ponto é a flexibilidade. É mais fácil expandir ou retrair o investimento e contar com mais especialistas de áreas diferentes dando pequenas contribuições, embora por pequenos espaços de tempo.

Por outro lado, há uma limitação: o conhecimento da equipe das agências a respeito dos clientes e do mercado sempre será muito menor do que o das pessoas que trabalham internamente na empresa. Quem está sempre ouvindo casos de sucesso, objeções e acompanhando as movimentações do setor certamente tem um conhecimento mais profundo acerca de aspectos que são estratégicos e que impactam muito na implementação técnica dos canais.

Uma agência até pode ser especialista na gestão de anúncios no Facebook, conhecer bem os diferentes tipos de objetivos, as melhores formas de participar de leilão e fazer boas hierarquias de público, mas não terá a mesma propriedade que a própria empresa para identificar as mensagens que realmente representam a marca e valorizam o produto, nem para explorar os pontos fracos da concorrência e os pontos fortes da empresa para encontrar possibilidades diferentes e lucrativas de segmentação. Esse conhecimento vai além das técnicas de marketing digital, tem a ver com conhecer a empresa a fundo, algo que só é possível por quem está no dia a dia da operação, como um gestor de marketing ou até mesmo o proprietário da empresa.

É por isso que, embora eu veja terceirizações com bons olhos, não acho uma boa ideia uma migração total para a modalidade, deixando uma agência tocar os projetos com 100% de autonomia. É importante ter alguém dentro da empresa responsável por tocar o meio de campo, avaliar as entregas, dar opiniões e sugestões, garantir que a troca de informações aconteça a pleno vapor e não ocorra um afastamento dos objetivos.

Outro ponto que precisa ser considerado é a comunicação. Se ela não estiver totalmente afinada entre a agência e a empresa, a margem para mal-entendidos é muito grande. A agência não sabe tudo da empresa e por isso precisa receber a maior quantidade de informações possível, a fim de que as estratégias sejam definidas e estejam de acordo com os objetivos. Além disso, é preciso tomar muito cuidado com a possibilidade do efeito telefone sem fio. Nessa relação, em geral, a informação é repassada por meio de pontos de contato designados pelos dois lados: o diretor passa para o gerente que passa para o atendimento que passa para a equipe de criação que passa para a equipe responsável pela ativação dos canais. Ao longo desse caminho muitas informações podem acabar se perdendo ou mudando de sentido. É preciso esforço e processos para garantir que está todo mundo sempre na mesma página.

Como escolher uma agência?

Se a sua opção for terceirizar o serviço, então precisará contratar uma agência de marketing digital. Hoje existem agências de todos os portes e especializadas em atender perfis diferentes de empresas. Há aquelas gigantes, voltadas para grandes contas, mas há também as menores, direcionadas para o atendimento de pequenas e médias empresas. O primeiro passo é desmistificar a ideia de que uma agência é só para quem tem orçamentos gigantescos.

Houve um tempo em que o maior critério para a escolha de uma agência era a quantidade de prêmios que ela já havia conquistado. Claro que isso é muito bom, mas o trabalho era focado na genialidade do conceito publicitário e na criatividade, deixando pouquíssimo espaço para uma avaliação concreta dos resultados e de quanto a ação gerou em vendas.

Com o crescimento de técnicas como o Inbound Marketing, a preocupação com o resultado mais concreto ganhou espaço e passou a ser mais valorizada. Já não basta ter uma vitrine de prêmios, mas também uma planilha com os resultados concretos obtidos junto aos clientes. Portanto, mais importante do que perguntar sobre os troféus, aconselho que questione os seguintes pontos:

» Quantos clientes com características semelhantes às da sua empresa (tipo de venda, preço do produto, tipo de público) a agência atende ou atendeu? Quais são os cases?

» Como é a proposta comercial? Ela envolve um bom diagnóstico e um plano de ação que parece fazer sentido para o objetivo da sua empresa? Existe margem para explorar e reavaliar as práticas ou é algo mais rígido?

» A conta fecha? O que a agência estima em resultados e o que vai retornar para a empresa compensa o investimento?
» Como é o marketing da própria agência? Como é o conteúdo que publicam? Aquilo que pregam e indicam bate com o que você aprendeu aqui e com o que acredita?
» A agência entende o marketing como um meio relevante e concreto de performance e aquisição de clientes? Ou ela só fala em construção de longo prazo, em aspectos subjetivos?

Com essas respostas em mãos, tem-se parâmetros reais de como a agência pode ajudar a empresa e ainda é possível avaliar se o orçamento disponível compensa a contratação. Assim, é mais fácil avaliar as opções e encontrar boas candidatas a ajudar no crescimento da sua empresa.

Na RD, criamos até um prêmio para as agências que se destacam justamente na entrega de resultados. As melhores ganham o selo Prêmio Agência de Resultados. Consultar essa lista pode ser um bom caminho para iniciar a busca por uma agência parceira.

Para consultá-la, use o QR Code ao lado ou acesse o site https://www.andresiqueira. me/livro/complementos/agencias ▶▶▶▶

Executando internamente

Outra opção é executar internamente a estratégia de aquisição de clientes. As oportunidades e os desafios de montar um time interno refletem o oposto de uma agência, a comunicação é mais fácil, as informações circulam mais rápido e o conhecimento a respeito da indústria e dos clientes é absorvido naturalmente no dia a dia.

Entretanto, temos como desafios a dificuldade de contratar e formar um bom time e o tempo que a equipe leva para aprender as técnicas e começar a trabalhar com desempenho de alta performance. Essa tarefa fica ainda mais complicada se a liderança da empresa não entende de aquisição. Além de correr o risco de não conseguir resultados, pode acontecer de demorar para perceber que o caminho traçado não é o mais indicado.

MÁQUINA DE AQUISIÇÃO DE CLIENTES

Como você viu, há pontos fortes e fracos nessa opção, o que não inviabiliza em nada ter um time interno. Então, se essa é a sua decisão, vá em frente. O mais importante é estudar as estratégias de aquisição para saber o que está fazendo e montar o time adequadamente. Dessa maneira, terá o controle completo da operação, o que é uma grande vantagem para o funcionamento e crescimento da empresa.

Uma das diferenças do time interno em relação ao de uma agência está nos papéis assumidos. Enquanto na agência há várias pessoas atuando em paralelo, cada uma fazendo um pouco na sua especialidade e atendendo a várias empresas de uma vez, no time interno temos menos gente, porém todas direcionando a energia para uma empresa só, a sua.

Normalmente, quando está começando a montar um time interno, as primeiras contratações de analistas de marketing têm um perfil generalista. São aqueles profissionais que fazem de tudo um pouco – conteúdo, SEO, anúncios, e-mail marketing, landing page, entre outras práticas.

Uma ou duas pessoas com esse perfil são fundamentais no início. Elas serão responsáveis pela etapa de testes e priorização, e pela construção dos canais escolhidos. Com o tempo, quando a operação ficar mais madura e o uso de canais já estiver bem consolidado e com resultados expressivos que permitem maior investimento, é hora de pensar em contratar especialistas que trarão profundidade para cada canal.

É importante saber diferenciar os dois momentos e os dois perfis. Um profissional de marketing generalista deve ter alta capacidade de aprendizado, iniciativa, flexibilidade. Um olhar mais sistêmico também ajuda muito. Já um especialista tende a ter mais foco, e seus resultados e trabalho devem girar em torno de mais previsibilidade e profundidade do canal.

Investimento em qualificação profissional

Uma das maiores barreiras para executar bem uma estratégia de aquisição é ter as pessoas certas para operá-la. A educação tradicional praticamente não aborda os conceitos que você viu neste livro. Algumas pessoas buscam aprendizado fora do país, outras aprendem na prática, mas é um movimento muitas vezes desestruturado e dependente dos esforços individuais de quem se descobre interessado no tema. Não há

TRÊS PILARES: PESSOAS, PROCESSOS E FERRAMENTAS

uma escola, um caminho pronto formando profissionais aos montes, como acontece em outras áreas mais tradicionais.

Por isso, é fundamental que as empresas entendam também seu papel como formadoras. Se elas precisam desse conhecimento, se não é fácil e nem barato encontrar gente capacitada, se a educação formal não ensina e se é uma área difícil para o aprendizado autodidata, alguém precisa agir para mudar a situação. E a empresa é a maior prejudicada caso isso não aconteça.

Na falta de mão de obra especializada, o melhor caminho é buscar pessoas com uma formação básica tradicional, porém sólida, e que demonstrem atitude e vontade de aprender. Experiências como intercâmbios, passagens por organizações estudantis como a AIESEC[63] e Empresas Júnior muitas vezes funcionam como indicadores desse perfil. Cabe então capacitá-las para que aprendam as técnicas necessárias para atuar no mercado de marketing digital. Há muitos cursos disponíveis no mercado. A RD, por exemplo, criou a RD University justamente com a proposta de atender as empresas que buscavam capacitar suas equipes.

Vale a pena esse investimento? Para responder a essa dúvida, vou contar uma história antiga no mundo corporativo. Nem sei se é real, mas exemplifica bem o que eu quero mostrar aqui:

Ante a possibilidade de contratar um treinamento caro para o time, o CEO pergunta:

— Mas o que acontece com a empresa se eu invisto no time e eles saem da empresa?

Prontamente, o diretor de RH responde:

— Já pensou o que acontece se você não investe e eles ficam?

A verdade é que, se você não investe na qualificação das pessoas, não tem o time no nível que precisa e nem os resultados que tanto busca.

Há ainda mais alguns pontos importantes para pensar na hora de fazer uma contratação. O primeiro é saber que a prática pode ser muito diferente da teoria. Tem gente que é incrível em uma entrevista, mas que falha feio na hora de executar, e vice-versa. Para tentar chegar mais

---

63   AIESEC é uma organização internacional com foco na capacitação de jovens para a formação de uma nova geração de líderes. (N.E.)

MÁQUINA DE AQUISIÇÃO DE CLIENTES

próximo da verdade, tente incluir no processo seletivo exercícios práticos que mostrem de fato como a pessoa entrega e comprova as habilidades e modos de operação prometidos.

Também busque referências, mas instigue para que os consultados sejam sinceros. Se você apenas liga e pergunta se a empresa recomenda a pessoa, é muito provável ouvir um sim. É preciso cavoucar e fazer perguntas como "Quais são os pontos que ela deixa a desejar e poderia melhorar?" e "Quais foram as propostas e entregas mais incríveis que ela fez aí?". Esse tipo de aprofundamento vai ajudar a trazer mais verdade para a fala da outra parte e você tem argumentos mais reais para decidir a contratação.

O segundo ponto relevante é entender o perfil de comportamento da pessoa para identificar se as características principais dela batem com o que é esperado para a função. Um trabalho focado em conteúdo, por exemplo, demanda muita consistência no longo prazo e atenção aos detalhes. Já um trabalho com parcerias e influenciadores digitais exige uma pessoa de fácil relacionamento. E assim por diante. Por isso, vale a pena incluir no processo seletivo metodologias que detectam essas características pessoais. A mais conhecida é a DISC, mas existem outras como a MBTI, Facet5,[64] eneagrama e outras. Em geral, uma empresa ou um especialista na metodologia é contratado para aplicar a avaliação e entregar um laudo com os resultados detectados.

O terceiro ponto é avaliar a afinidade cultural. É muito comum vermos contratações totalmente focadas nas habilidades e experiências do candidato que, quando vão para o dia a dia da empresa, simplesmente não funcionam, por mais que a competência ou o trabalho apresentado não seja um problema. **É preciso que a pessoa tenha os mesmos valores e princípios da empresa.**

E o quarto ponto: pense nas contratações como um eterno processo de vendas. Já não cabe mais assumir uma postura egocêntrica em que a empresa se coloca como única e acima de todos, e as pessoas (ou seja, o time) devem se curvar a ela, pois são os interessados nessa relação. Quem age assim impõe horários, faz questionários e investigações desnecessários e se coloca como dominante na relação.

---

64   FACET5. Disponível em: https://new.facet5global.com/. Acesso em: 28 jun. 2021.

TRÊS PILARES: PESSOAS, PROCESSOS E FERRAMENTAS

Entenda que os talentos são muito disputados e tem amplas possibilidades de escolher o local em que vão trabalhar, assim como acontece em um processo de vendas. Eles também devem ser cortejados, convencidos do quanto a experiência pode agregar para a carreira deles, do quanto construir esse futuro juntos faz sentido para ambos os lados.

E vale ficar sempre de antenas abertas captando as movimentações do mercado. Mesmo quando não há vagas abertas no time, mesmo sem perspectiva nenhuma de uma nova posição, o modo "contratador" deve estar ativo. **A cada novo contato, a cada evento, devemos pensar nas pessoas que estão ali como uma possibilidade, como alguém que pode ajudar na construção da empresa.** Essa mentalidade de relacionamento ajuda muito quando abrimos uma vaga. Já teremos algumas opções de pessoas boas e que se encaixam no perfil da empresa, encurtando – e muito – o caminho de uma boa contratação.

ESTRUTURA ORGANIZACIONAL, O SEGUNDO PILAR

Toda empresa precisa de um mínimo de organização para que funcione adequadamente. Isso é a estrutura organizacional. Para entender, pense em uma casa em que vive uma família numerosa, com pai, mãe, cinco filhos, cachorro, passarinho, enfim, tudo o que envolve esse núcleo. Essa casa precisa de um líder que definirá onde cada filho dormirá, quais suas funções ao longo do dia, quem ajudará na limpeza, quem comandará a cozinha e assim por diante. Essa organização é necessária para que a casa funcione. Do contrário, tudo vira um caos.

Assim também deve acontecer em uma empresa. Na hora de organizar essa estrutura é preciso pensar em caminhos para minimizar falhas. Elas existirão, é claro. Infelizmente, não existe uma estrutura organizacional perfeita que funcione para todo mundo. O desenho, em geral, é uma gangorra: quando melhoramos uma ponta, soltamos outra. Mas quanto menos chances de os problemas acontecerem, melhor será. Um líder, por exemplo, não pode ter um volume tão grande de liderados diretos (oito é o número máximo ideal).

MÁQUINA DE AQUISIÇÃO DE CLIENTES

Há quem separe os times em topo de funil (responsável pela atração de pessoas novas) e meio de funil (responsável por trabalhar o relacionamento e preparação para vendas). Essa organização deixa metas claras para cada lado, mas também pode trazer desvantagens. A comunicação entre os dois times pode se tornar falha e faltar fluidez, pode trazer clientes fora do perfil que façam uma ação, mas não continuem para o próximo passo, pode ser que cada comunicação para o cliente chegue falando uma língua diferente etc.

Há quem separe em um time mais criativo (conteúdo, e-mail, redes sociais) e um time mais analítico (anúncios, relatórios, segmentações etc.). Isso agrupa perfis semelhantes, ficando mais fácil de gerenciar, treinar e dar feedback, além de potencializar os pontos fortes individuais. No entanto, pode faltar uma visão mais direcionada para o funil, com metas entregáveis e mais claras para cada etapa.

Portanto, mais uma vez, não tem receita pronta. A questão é menos qual a estrutura escolhida e mais o que fazer para lidar com os possíveis problemas gerados. Quais são as metas que podem ser traçadas para contrabalancear e gerar um incentivo que evite os prováveis problemas? Quais são as reuniões e os relatórios que devemos já deixar agendados para minimizar os problemas de comunicação?

Uma solução é investir em processos, o segundo pilar de uma gestão. Os processos são as ações que repetimos, são os rituais, as formas que temos de fazer as coisas. **Os processos padronizam formas de operar e trazem organização e previsibilidade, por isso são tão importantes.**

Alguns processos vão garantir que as práticas de marketing e vendas funcionem, por isso achei importante trazer aqui os mais relevantes. Você vai ver que, quando implementados, irão ajudar a estrutura organizacional a funcionar de maneira mais assertiva.

Definição de metas

No mundo de vendas, a definição de metas é padrão. No mundo do marketing, nem tanto. Vez ou outra alguma métrica de vaidade é conquistada (como visualizações da campanha ou seguidores em redes sociais), mas nem sempre aparece uma meta mensurável que se conecte claramente com a aquisição. Se pensamos no desenho do funil como algo fundamental

TRÊS PILARES: PESSOAS, PROCESSOS E FERRAMENTAS

para o crescimento da empresa, é desejado que ele funcione bem. Portanto, estipular objetivos e metas é uma forma importante de contribuir para isso.

As metas indicam prioridades, caminhos, servem para deixar claro o que é realmente importante para aquele objetivo. Também servem como motivação, ajudam a entender o que é esperado e a calibrar a energia para chegar lá.

Uma metodologia que ajuda a desenhar as metas da equipe é a SMART. A palavra é um acrônimo para seus cinco pontos principais:

1. **Specific:** específico, é claro ao mostrar como algo vai ser feito;
2. **Measurable:** mensurável, é possível de ser medido. Dizemos que queremos "crescer 10%" em vez de "ser referência no mercado", por exemplo;
3. **Achievable:** alcançável, deve ser viável, não é um desafio impossível e distante da realidade;
4. **Relevant:** relevante, tem conexão com o crescimento da empresa, vai impactar a organização;
5. **Time-based:** temporal, tem prazo definido.

Outro ponto importante a se avaliar é o impacto de uma meta no todo, em um sistema mais completo, para então pensar em maneiras de evitar incentivos perversos. Por exemplo: se uma das metas trabalha a quantidade de visitas no site, pode ser mais fácil atingi-la desviando dos assuntos principais e trazendo um público desqualificado, algo que naturalmente deveríamos evitar. Assim, definir como meta complementar o número de contatos qualificados gerados ou mesmo o número de vendas, mesmo sendo uma responsabilidade compartilhada com outras pessoas e times, pode ajudar muito no crescimento da empresa ao deixar mais claro o caminho a ser seguido.

A melhor maneira de desenhar metas é indo de trás para a frente. Começar com a expectativa de crescimento de faturamento, por exemplo, e ir para o número de vendas, e assim voltar em cada etapa do funil de acordo com as taxas de conversão. Assim, elas ficarão alinhadas para garantir um bom resultado final. Procure, no entanto, colocar uma sobra em cada etapa. Quando as metas ficam muito apertadas, qualquer pequeno escorregão em uma parte já compromete o resultado todo.

Planejamento

Junto das metas deve vir um diagnóstico e um entendimento de como vamos chegar lá. Como está a base? Quais são os pontos fortes e fracos da empresa/da equipe? Quais são as oportunidades e ameaças? Quais foram as mudanças no cenário (público, concorrência) que podem afetar a estratégia? Qual é o ranking atualizado da priorização de canais para o ano? Quais projetos devem ser implementados para garantir a continuidade do crescimento? Deve-se ter respostas para essas perguntas em um processo de planejamento anual ou semestral. São elas que direcionarão as ações a serem tomadas pela empresa.

Relatórios e análises

No Capítulo 6 abordamos a importância de priorizar e analisar adequadamente as ações e os resultados. Aqui eu quero reforçar a mensagem: relatórios e análises periódicas devem ser vistos como processo. Devem virar uma prática recorrente, com data na agenda para montagem dos relatórios, discussão e análise dos resultados e plano de ação para os próximos passos.

Reuniões de acompanhamento

Um do aspecto importante para a performance e fluidez entre as pessoas envolvidas na aquisição é a comunicação. E uma das ferramentas mais úteis para isso são as reuniões. As mais importantes a serem realizadas são:

- ⚙ **Acompanhamento:** momento de compartilhar o que foi planejado, o que foi realizado e o que ficou para trás, garantindo que todos saibam o que está acontecendo, que os pontos de interdependência se tornem claros e sejam resolvidos. Em um time pequeno, com uma camada de gestão, é comum que essas reuniões sejam semanais. Em times maiores, com duas ou três camadas, é mais comum que essas reuniões aconteçam mensalmente com a equipe completa e semanalmente com o time mais próximo. Há ainda empresas que trabalham com gestão ágil e optam por reuniões diárias. Elas, no entanto, devem ser muito mais curtas e diretas, procurando apenas destravar obstáculos;

- ⚙ **1-1:** são aquelas realizadas diretamente entre líder e liderado. A conversa privada é mais profunda e personalizada, trazendo avaliações de performance, feedback operacional, perspectivas de carreiras, orientações

TRÊS PILARES: PESSOAS, PROCESSOS E FERRAMENTAS

de práticas, planos de desenvolvimento, entre outras possibilidades. Mesmo quando a liderança não sabe ao certo o que dizer, abrir o momento para ouvir, se mostrar presente e interessada no que o outro tem a dizer já é uma contribuição válida e garante espaço para que o liderado se sinta a vontade para trazer algo. Há inúmeras pesquisas apontando correlações diretas entre a consistência e qualidade das reuniões 1–1 com a satisfação no trabalho, a clareza do liderado com o que deve ser feito e a consequente retenção de funcionários.[65] Nas camadas mais operacionais, as reuniões 1–1 devem ser semanais ou quinzenais. Nas camadas superiores, a frequência tende a ser quinzenal ou mensal;

⚙ *Post mortem*: é a reunião de discussão de um projeto ou evento que já foi realizado. Serve para verificar como foi o andamento, quais foram as dificuldades e quais foram as lições extraídas. Isso ajuda muito a reforçar o aprendizado e a diminuir a chance de que alguns problemas voltem a acontecer;

⚙ Interáreas: é importante pensar que parte das reuniões também deve ser feita em conjunto com outras áreas, especialmente a relação entre marketing e vendas, que deve ser bastante próxima. Precisa haver um feedback adequado de como os contatos estão chegando, de quais conteúdos causaram mais impacto, entre outras coisas. É importante definir como vai funcionar essa comunicação e qual a periodicidade. Quanto mais próxima e recorrente for, menos margem sobra para conversas de corredor, críticas informais e falta de colaboração.

Experimentos

Algumas das empresas mais conhecidas e relevantes do mundo hoje, como Amazon e Booking.com, veem uma correlação direta entre o crescimento e a quantidade de experimentos que fazem. **Um bom processo de definição de experimentos garante que o tempo e os recursos empregados não sejam desperdiçados.** O desperdício acontece quando não sabemos bem o que tirar de uma experimentação e não nos planejamos adequadamente para chegar a esse resultado. O grande objetivo de um experimento é

---

65 TOOL: Hold Effective 1:1 Meetings. **re:Work**, [S. d.]. Disponível em: https://re-work.withgoogle.com/guides/managers-coach-managers-to-coach/steps/hold-effective-1-1-meetings/. Acesso em: 17 jun. 2021.

aprender e então escalar esse aprendizado para a operação, amplificando os resultados. Mas como fazer um experimento? Aqui estão alguns passos:

Experimentos são criados a partir de hipóteses. "O cliente não compra porque acha caro", "Se as pessoas aprenderem sobre o assunto X, o processo de compra vai ser mais rápido" ou "Se a experiência se tornar incrível, as pessoas compartilham com os amigos nas redes sociais" são alguns exemplos de hipóteses. Perceba que não é um palpite do que vai acontecer, com números e estimativas. É uma crença, algo que podemos testar e descobrir se é verdadeiro ou falso.

Com a hipótese definida, um teste valida se ela se mostra verdadeira ou não. É importante pensar na validade estatística, buscando assim algo que gere volume rapidamente.

Com os resultados em mãos e os aprendizados estabelecidos, todo o time deve ser comunicado. As pessoas precisam saber se aquilo que foi pressuposto se mostrou real ou não. Assim, podem evitar experimentos parecidos e entender como aquela resposta faz sentido para a sua área ou canal.

Aplique os aprendizados em canais e práticas que podem se beneficiar deles. **É quando escalamos o aprendizado e aplicamos em diferentes pontos de contato que podemos colher resultados de maneira desproporcional.**

Orçamento

Apesar de o foco deste livro não ser a área de finanças, um gestor precisa conviver com esse processo, geralmente anual, nas empresas, que é a construção do orçamento. Por isso, mesmo que a gente não se aprofunde tanto, vale trazer algumas dicas:

Uma empresa com as contas calibradas pode usar as metas de receita para calcular quanto de investimento há disponível. É só entender qual é o limite definido no Custo de Aquisição de Clientes e fazer a multiplicação. Se o CAC é de 100 reais por cliente e a meta é trazer quinhentos novos clientes, o orçamento de aquisição (marketing e vendas) é de 50 mil reais. A partir desse valor, é possível distribuir em projetos e canais de acordo com as necessidades de cada um.

Negocie para apresentar um plano de investimentos necessários para o setor e que dependem de determinado orçamento, e tente deixar uma

TRÊS PILARES: PESSOAS, PROCESSOS E FERRAMENTAS

brecha para ajustar as formas de aplicar o dinheiro. Há situações previsíveis, como uma contratação em consequência de um volume de atividade maior, porém, no marketing essa previsibilidade é mais difícil. Depende do momento do canal e das perspectivas. Nem sempre é fácil prever que o canal vai saturar ou que vai responder bem a um investimento maior, por isso é importante ter algum espaço para ajustar a atuação.

Tome cuidado com as expectativas irreais. Se o time demora em média três meses para fechar a contratação de um funcionário, não faz sentido colocar no plano que isso vai ser feito em um mês. Se o time consegue fechar duas novas contratações por mês, não adianta colocar na planilha um mês mágico em que cinco pessoas vão ser contratadas. O mesmo vale para o período de treinamento e adaptação, nada de previsões exageradas. O orçamento é um dos poucos momentos em que o pessimismo é bem-vindo. Colocar uma margem maior de segurança ajuda a proteger a operação.

Envolva todo o time e também a operação. Na maioria das vezes, as pessoas que estão na linha de frente, na operação, tem ideias e avaliações de muito valor, trazendo bastante realidade para o processo. Além de todas as contribuições, esse envolvimento também ajuda muito na motivação e no senso de pertencimento de toda a equipe.

É preciso colocar absolutamente tudo no orçamento. O valor do aluguel do imóvel, os encargos trabalhistas e benefícios, as perspectivas de promoção e os aumentos salariais, os serviços terceirizados e as agências, as premiações, comissões, ferramentas e verbas de mídia. Um esquecimento pode significar a inviabilidade de uma contratação ou impedir o uso de um canal. Tome sempre muito cuidado e procure incluir todos os custos possíveis.

Para concluir essa parte de processos, minha dica é tomar cuidado e não deixar o processo virar meta. Número de reuniões não é meta, número de experimentos não é meta, número de posts publicados no blog não é meta, realização do planejamento não é meta. São apenas processos, atividades que temos que fazer para atingir um objetivo maior. No fim das contas, são pequenas obrigações que vão nos ajudar a executar melhor e bater os verdadeiros números que precisamos. É muito fácil deturpar qualquer uma dessas coisas e bater metas sem mexer minimamente nos números que realmente importam: os de crescimento de receita.

FERRAMENTAS: TERCEIRO PILAR DA GESTÃO

Coloquei ferramentas como o terceiro pilar da gestão porque, apesar de serem muito importantes, de nada servem se o resto não estiver no lugar. Assim como um martelo ou os aparelhos de musculação em uma academia, para serem úteis e cumprirem seu papel vão depender muito mais de quem opera e como. Afinal, são apenas ferramentas.

Nos últimos anos houve um avanço das tecnologias, mas também cresceram as iniciativas de educação em programação e empreendedorismo. Ademais, houve mais acesso a investidores e capital de risco, e a soma de todo esse contexto trouxe à nossa disposição um volume sem fim de empresas oferecendo ferramentas das mais diversas modalidades para a aquisição de clientes.

Como sabe, fui um dos cofundadores da RD Station, uma empresa de ferramentas de aquisição, portanto meu olhar pode ser um pouco enviesado. No entanto, a empresa e os produtos refletem aquilo que acredito que seja o melhor caminho para a realidade hoje. Não indico um caminho só porque tenho ferramentas para ele, tenho ferramentas para ele porque acho que é o melhor caminho a ser seguido.

A RD faz parte de um mercado que nos Estados Unidos passou a se chamar "Ferramentas de Automação de Marketing". O que esse tipo de ferramenta faz é agregar várias funcionalidades em um mesmo sistema, o famoso "tudo em um". Em vez de usar uma ferramenta para cada atividade, como uma para construir landing pages, outra para gerenciar contatos, outra para enviar campanhas de e-mail e outra para analisar os dados, contrata-se um sistema só que tenha tudo isso. Além de ser mais fácil de operar, é também mais barato que a soma de cada um dos serviços separados, além de ter uma conexão natural entre as ferramentas, o que facilita muito a operação e gestão dos dados.

O grande problema das ferramentas tudo em um é que o tudo nem sempre é tão tudo assim. Eventualmente é necessária uma maior profundidade, atender algumas especificidades, e não vão ser resolvidas por essa ferramenta. Nesses casos, é mais provável que a solução venha em uma ferramenta vertical, com foco mais específico no canal ou caso de uso. A solução pode até mesmo vir de algum desenvolvimento próprio, de uma personalização feita pela própria empresa.

O que considero uma boa estratégia é a ferramenta tudo em um concentrar as principais ações, mantendo a base de dados com os registros unificados de todos os trabalhos com clientes. As ações podem ser acompanhadas por ferramentas adicionais que sirvam para cobrir buracos na otimização. Até porque, geralmente, esses buracos aparecem para empresas mais maduras e com demandas mais sofisticadas, empresas que não teriam problemas em pagar por algo extra. As demandas básicas das empresas iniciantes geralmente são bem cobertas por ferramentas de automação.

Para quem deseja se atualizar constantemente, acesse a lista pelo QR code a seguir. Nela indico ferramentas que gosto muito para diversas das práticas e canais de aquisição citados neste livro, muitas delas gratuitas ou com cupom de desconto.

 Para visualizar a lista de ferramentas basta usar o QR code ao lado ou acessar o site https://www.andresiqueira.me/livro/complementos/ferramentas.
▶▶▶▶

Avaliando a contratação de ferramentas

Há alguns critérios que são importantes na hora de contratar uma ferramenta. Sempre avalie:

» Quão relevante é a ferramenta no mercado? Ela é a líder da categoria? É amplamente conhecida? Quanto mais relevante for, mais fácil vai ser encontrar quem saiba operá-la (funcionários, agências parceiras) e quem desenvolva personalizações e integrações (além de já ter um volume maior de integrações nativas com outras ferramentas);

» Há suporte e apoio na implementação? E no dia a dia? Caso apareçam dúvidas, tem a quem recorrer? Há um acordo de nível de serviço, determinando prazo máximo de atendimento às solicitações? O atendimento é em português? Caso não, o time está preparado para lidar com uma barreira linguística? Parece óbvio e besteira, mas são motivos de insatisfação bastante comuns.

MÁQUINA DE AQUISIÇÃO DE CLIENTES

» A empresa é sólida? Tem uma história conhecida? Sabe quem está por trás da marca? Sabe se passa por riscos financeiros, se pode quebrar a qualquer momento? Seria péssimo investir tempo, dinheiro e processos e precisar trocar tudo pouco tempo depois. Ou saber tarde demais que o sistema não tem estrutura para evoluir no mesmo ritmo que a sua empresa.

» A ferramenta conversa com os planos e as estratégias atuais da empresa? Resolve os problemas que tem? As funcionalidades são adequadas para os canais que serão utilizados? Há integrações desenvolvidas para que a ferramenta se conecte com outras já utilizadas pela equipe? Caso não, é viável desenvolver essas integrações? Há documentação e APIs[66] para isso?

» É fácil encontrar pessoas que são clientes da ferramenta? Como ela é avaliada por outros clientes? Já buscou por ela nas plataformas de reviews? Muitas vezes o que é vendido pode ser muito diferente do que é entregue e é importante se aproximar da verdade.

Além desses, você pode considerar outros critérios, como a moeda em que a ferramenta é vendida (as variações no dólar, por exemplo, fizeram o preço de algumas ferramentas subir significativamente nos últimos anos), mas os mais relevantes estão indicados acima.

Como você viu, ter uma gestão eficiente permite colocar em prática tudo o que foi ensinado neste livro. Existem muitos outros aspectos que melhoram a operação, mas busquei os três mais importantes e que interferem tanto no trabalho de marketing como no de vendas. A partir de agora, você está ainda mais preparado. Problemas surgem em todas as organizações e em todos os departamentos. Saber lidar com eles é sua função enquanto gestor de equipe, mas evitar que eles aconteçam deve ser o seu diferencial.

---

66 API (Application Programing Interface) é um conjunto de normas que possibilita a comunicação entre plataformas por meio de uma série de padrões e protocolos.

Nada, absolutamente nada, é tão **importante** quanto as pessoas que trabalham na sua empresa ou na **sua equipe**. Por isso, esse é o **primeiro pilar da gestão** de um negócio.

@andregcsiqueira

MÁQUINA DE AQUISIÇÃO DE CLIENTES

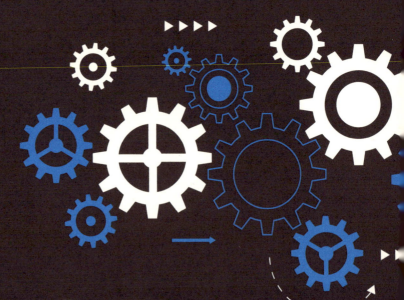

capítulo 9:
o que é preciso para dar certo

Não existe fórmula pronta. Quantas vezes você leu essa afirmação ao longo deste livro? Eu garanto que muitas. Pois é, eu não sou a pessoa que acredita no sucesso de uma fórmula pronta que magicamente gera resultados incríveis para a empresa. Acredito muito é em uma soma de pequenos fatores para o todo funcionar bem. Assim também é a Máquina de Aquisição de Clientes, método que desenvolvi e ensinei a você neste livro. **Com o método, é possível pegar o melhor de cada prática, de acordo com a realidade do negócio, somar com a força de vendas e criar a própria Máquina personalizada, responsável por fazer a empresa crescer.** Como falei lá no começo deste livro, existem vários caminhos, você só precisa encontrar o seu e se dedicar a ele.

Você tem um mercado potencial gigante à sua frente. De acordo com o relatório Global Digital,[67] a internet marcava 4,66 bilhões de usuários em janeiro de 2021. O mesmo relatório comparou o crescimento da rede com o crescimento populacional e o que se descobriu é que, entre janeiro de 2020 e janeiro de 2021, enquanto a população mundial cresceu 1%, o número de novos usuários da rede de

---
[67] WE ARE social e Hootsuite. **Digital 2021**: Global Overview Report. Disponível em: https://wearesocial.com/digital-2021. Acesso em: 17 jun. 2021.

computadores subiu 7,3% e o índice de usuários ativos nas mídias socias cresceu 13,2%. O Brasil também segue essa tendência e contava com 160 milhões de usuários de internet no mesmo período, com um crescimento anual de 6,4%.[68] Essas pessoas ficam cerca de dez horas por dia conectadas. São números impressionantes e que mostram como há muito mercado para as marcas explorarem as plataformas digitais usando práticas que você aprendeu neste livro.

Esses números crescentes fizeram parte da minha trajetória profissional. Acompanhá-los sempre me deu a certeza de que estava no caminho certo. E os meus mais de dez anos de carreira mostraram que eu estava certo. **O que mais me anima é saber que ainda temos muito a crescer e a explorar, e que você tem as ferramentas para isso.**

Esses anos de experiência também me mostraram vários fatores que são fundamentais para conseguir performar bem. Quero falar de quatro principais aqui e espero que você os absorva, pois são fundamentais para conseguir chegar lá:

APRENDA RÁPIDO

Muitos dos canais, práticas e técnicas mudam o tempo inteiro. O próprio mercado, com cada vez mais acesso a capital e tecnologia, faz com que novos produtos e modelos de negócio apareçam, alterando também o processo de compra e a jornada do consumidor. **É essencial conseguir aprender e se adaptar rápido. E mais do que conseguir, é essencial estar aberto a isso.** Eu sei que quando fazemos algo por um tempo e vemos resultados, é difícil acreditar que esse, talvez, não seja o caminho certo. Mas é necessário ter a mente aberta.

É um processo constante de desaprender e aprender de novo. Não ficar para trás é um exercício que exige humildade e também dedicação.

---

68   WE ARE Social e Hootsuite. **Digital 2021**: Brazil. Disponível em: https://datareportal.com/reports/digital-2021-brazil. Acesso em: 17 jun. 2021.

O QUE É PRECISO PARA DAR CERTO

Há ainda outro aspecto: é preciso saber aprender as coisas certas do jeito certo. Vivemos uma era em que qualquer um é professor. Qualquer um coloca o rosto em um anúncio, diz que tem um curso maravilhoso e cobra para dar acesso a esse conteúdo "tão especial". Saber filtrar quem realmente é bom e qual conteúdo realmente agrega valor ao aprendizado, ou seja, fazer um bom processo de escolha e curadoria, é indispensável.

Eu espero que neste livro você tenha conseguido entender como diferentes técnicas e áreas se conectam. Se isso aconteceu, parte do trabalho agora fica mais fácil. Quando você escutar sobre um novo curso de marketing para o WhatsApp ou alguma outra coisa do momento (olha aí a busca pelo objeto brilhante!), já vai conseguir entender que isso dificilmente resolveria todos os problemas do mundo. Mas quando você filtra essas informações e entende como elas funcionam, consegue avaliar se podem ser aplicadas no dia a dia e usá-las para compor a sua estratégia.

E mais: se em nenhum momento a metodologia que está aprendendo faz você parar e pensar, se não precisa adaptar para o seu negócio, se tudo é sempre um template, uma forma única de fazer, é natural que a estratégia de aquisição fique saturada em pouco tempo e se torne só mais uma.

Avalie sempre o histórico e a intenção de quem está ensinando. Essa pessoa vivenciou de fato esse método na prática? A experiência e o histórico dela são relevantes? As empresas que você admira conhecem e usam os mesmos métodos? Há cases que ajudam a visualizar o perfil ideal que se beneficiaria desse conteúdo? Há cases na sua área de atuação e segmento? Essas perguntas vão ajudar a fazer uma boa avaliação.

EXECUTE BEM

É fácil se enganar e achar que está progredindo ao estudar, mas isso não acontece se estudar for algo totalmente teórico, sem os momentos para o que mais importa: colocar na prática.

MÁQUINA DE AQUISIÇÃO DE CLIENTES

O primeiro ponto a falarmos sobre execução tem a ver com foco. Já abordamos um pouco disso no Capítulo 7, em que falamos sobre priorização de canais: é melhor ser muito bom fazendo poucas coisas do que ser mediano fazendo muitas coisas de maneira meia-boca. **Para cada ação que buscamos, para cada coisa nova que dizemos sim, estamos dizendo não e tirando tempo de outras que eventualmente possam ser muito mais importantes. Mantenha o foco!**

O segundo é que precisamos ter excelência nas práticas. O aprendizado constante, já mencionado, ajuda muito a entender se estamos próximos das melhores práticas e a avaliar o que temos para melhorar. Este livro ajuda a trazer uma boa visão estratégica, a olhar o sistema como um todo e a definir quais caminhos fazem sentido para a empresa. Já a parte de pessoas, processos e ferramentas ajuda um pouco na gestão, principalmente na formação de uma equipe.

Já a operação demanda um nível de profundidade maior do que o coberto aqui. Apresentei algumas boas práticas que vão ajudar a avaliar um trabalho e a entender em alto nível se está no caminho, mas que certamente não são o suficiente para um trabalho de excelência. E nem daria para cobrir todo o assunto: seriam necessários muitos volumes e que eles fossem atualizados com muita frequência. É por isso que, para esses casos, sempre há um link complementar nos capítulos e indicações para ir além.

É importante falar sobre isso porque, a meu ver, muito dos resultados hoje estão em "como" é feito, não só em "o que" é feito. Há alguns anos, por exemplo, falar que estava fazendo marketing de conteúdo era o suficiente para eu saber que a empresa estava no caminho e conseguiria colher bons resultados. Hoje, não. Agora é preciso saber como é feito esse conteúdo, se tem personalidade, se tem bons diferenciais, se tem uma conexão forte com os formatos de distribuição.

O prêmio vem por resultado, não por esforço, não por processo. Se você seguir uma boa prática e não tiver resultado, não vai ganhar um prêmio só porque seguiu tudo à risca. É preciso se ajustar, entender por que não está funcionando para o seu caso e tentar encontrar outro caminho que dê resultado. Se você se esforçar, investir horas e horas, virar madrugadas, e não tiver resultado, não vai ganhar nenhum

O QUE É PRECISO PARA DAR CERTO

prêmio também. É preciso entender como transformar essas horas em algo mais produtivo e efetivo. Aprenda a se questionar e a encontrar os caminhos por conta própria, isso vai ajudar muito na execução.

CRIE BOAS RELAÇÕES

Ninguém constrói nada sozinho. Sempre precisamos de gente para nos apoiar, para apontar caminhos, ajudar a enxergar problemas. E é por isso que cativar as pessoas e criar boas relações é tão importante.

Muito se fala sobre networking no meio corporativo, e não é por menos. Ter uma boa rede de contatos é encontrar bons parceiros para lançar materiais em conjunto, é fazer boas trocas, receber bons feedbacks e mentorias, ter acesso a talentos (seja pela contratação direta ou recebendo indicações de gente bem conectada), ter acesso a capital. **Tudo fica mais fácil quando temos pessoas boas ao redor.**

E embora muitos possam falar dos diferentes caminhos para fazer networking (como pesquisar quem vai estar no ambiente, buscar algo em comum ou alguém para fazer uma ponte etc.), há um que credencio como a forma mais efetiva: **ser tão bom a ponto de que ninguém possa ignorá-lo.** Ser bom não passa só por dominar a execução e fazer bem feito, passa também por fazer com que as pessoas saibam que você é bom, o calcanhar de Aquiles da maioria dos profissionais. Falar de si mesmo, mostrar que é bom em algo, sempre soou como algo ruim e foi visto como certa soberba. Mas não é nada disso. Para fugir desses estereótipos, a solução é fazer o próprio marketing de conteúdo.

Quanto mais compartilhamos, ensinamos e geramos valor às pessoas, mais essa informação vai ser espalhar e chegar a ainda mais pessoas. O público passa a admirar você e vê-lo como referência e essa é uma chave capaz de abrir muitas portas. Você não faz pra dizer que é bom, faz para ensinar e compartilhar. Essa atitude, feita de maneira natural e sem forçar a barra, vai dizer implicitamente que você é bom.

Outra parte importante é o relacionamento com o seu time. É preciso saber cativar, inspirar, direcionar. É preciso aprender a ser líder de verdade. Não sei exatamente o motivo, mas temos uma grande

MÁQUINA DE AQUISIÇÃO DE CLIENTES

tendência de acreditar na liderança como algo orgânico e 100% natural. Não é. Liderança pode e deve ser treinada. Existem ótimos cursos, livros e mentores que ajudam a desenvolver essa competência.

Não adianta muito ser um profissional espetacular nas técnicas e práticas de marketing, se não conseguir ter um bom poder de mobilização. Cative quem está próximo, conquistem juntos resultados incríveis e verá que vai ficar muito mais fácil encantar o mercado, os parceiros, enfim, as pessoas que fazem parte da sua rede de contato.

TENHA FORÇA MENTAL

O último item, mas não menos importante, é a força mental. A grande verdade é que fazer um bom trabalho de aquisição não é nem um pouco fácil. Mesmo estudando e se preparando, os desafios e obstáculos virão.

É extremamente comum que o começo do trabalho seja de euforia e empolgação para colocar tudo em prática. E é mais comum ainda que nenhum resultado incrível apareça nos primeiros dois ou três meses. Nessa hora parece que nada vai funcionar e as pessoas desistem!

Ter paciência é fundamental, os resultados mais relevantes tendem a vir só no médio e longo prazo. Mesmo que você seja muito inteligente, mesmo que estude as melhores técnicas e monte um bom plano, é pouco provável que grandes resultados apareçam logo de cara. A tendência é entrarmos em um processo contínuo de aprender-ajustar-testar que busque resultados incrementalmente melhores. Só depois que o fluxo aprender-ajustar-testar é repetido por muitas e muitas vezes que a soma das otimizações começa a gerar resultados realmente relevantes. Você precisa saber disso antes de embarcar nesse trabalho para não ficar frustrado. Mas quem consegue trilhar esse caminho com consistência só tem a ganhar lá na frente.

Por isso, um dos aspectos mais primordiais é a disciplina. É fazer mesmo quando você não está com vontade. É não depender de uma motivação momentânea, de um desejo que pode não estar ali quando

O QUE É PRECISO PARA DAR CERTO

você precisar. Disciplina é saber trocar o que você quer no momento pelo que você deseja para a sua vida. Se o objetivo é ver a empresa crescendo e a estratégia de aquisição funcionando, deverá saber passar pelos dias ruins até lá.

Encontrar o porquê e por quem estamos fazendo todo esse trabalho sempre renova as energias. Pense nos empregos que serão gerados porque você fez a diferença no crescimento da empresa, pense nas pessoas que terão acesso a um produto ou serviço de qualidade, pense no que elas farão porque você fez a vida delas melhor. E pense também em quem vai se orgulhar de você, em quem vai vê-lo como exemplo. A vontade de dar orgulho à minha família sempre foi um imenso catalisador enquanto construíamos a RD. Com o nascimento do meu filho, isso ficou mais poderoso ainda.

Para você que chegou até o fim deste livro, tenho um presente bastante especial. A minha palestra no RD Summit – o maior evento de marketing e vendas da América Latina –, realizada em 2019, mostrou justamente como ser um bom profissional e construir uma carreira sólida. O fim dela foi um dos momentos mais emocionantes da minha vida, levando muitas das mais de 5 mil pessoas que estavam assistindo ao vivo às lágrimas.

Assista acessando o QR Code ao lado ou pelo site https://www.andresiqueira.me/livro/complementos/palestra-rdsummit2019. ▶▶▶▶

Nestas páginas, você permitiu que eu compartilhasse um pouco da minha experiência, e espero fazer diferença na sua vida. Lembre-se que tudo isso é só o começo. **A partir de agora, tem em mãos o conhecimento para iniciar um trabalho estratégico e caberá somente a você se aprofundar e se manter atualizado para atrair, converter, relacionar, vender e analisar – pilares que você não deve esquecer jamais.** Vá em frente. Acredite no seu potencial como eu acreditei no meu, lá em 2010.

Se você gostou e aprendeu algo, ficarei muito feliz caso fale sobre o livro em suas redes sociais, indique a seus amigos e deixe uma

MÁQUINA DE AQUISIÇÃO DE CLIENTES

avaliação positiva nos sites especializados. Caso tenha algum feed-back ou sugestão, será um prazer ouvi-lo, e ajudará muito no meu crescimento receber uma mensagem sua em minhas redes sociais.

Em todos os canais sou o @andregcsiqueira e ficarei muito feliz em ter você me acompanhando lá!

Um grande abraço.

254

Seja **tão bom** que **não possam te ignorar**.

Steve Martin

@andregcsiqueira

MÁQUINA DE AQUISIÇÃO DE CLIENTES

Este livro foi impresso pela Gráfica Rettec em papel pólen bold 70 g em setembro de 2021.